《欽定元史語解》探索

（三）

莊 吉 發 著

滿 語 叢 刊

文史哲出版社印行

國家圖書館出版品預行編目資料

《欽定元史語解》探索 / 莊吉發著. -- 初
版. -- 臺北市：文史哲出版社，民 113.05
冊： 公分 --（滿語叢刊；57-59）
ISBN 978-986-314-670-4（第 1 冊：平裝）
ISBN 978-986-314-671-1（第 2 冊：平裝）
ISBN 978-986-314-672-8（第 3 冊：平裝）

1.CST:滿語 2.CST:讀本

802.918　　　　　　　　　　113007290

滿 語 叢 刊　59

《欽定元史語解》探索(三)

著　　者：莊　　　吉　　　發
出 版 者：文　史　哲　出　版　社
http://www.lapen.com.tw
e-mail:lapen@ms74.hinet.net
登記證字號：行政院新聞局版臺業字五三三七號
發 行 人：彭　　　正　　　雄
發 行 所：文　史　哲　出　版　社
印 刷 者：文　史　哲　出　版　社
臺北市羅斯福路一段七十二巷四號
郵政劃撥帳號：一六一八〇一七五
電話886-2-23511028・傳真886-2-23965656

定價新臺幣六〇〇元

二〇二四年（民一一三）五月初版

《欽定元史語解》探索

第三冊

目　次

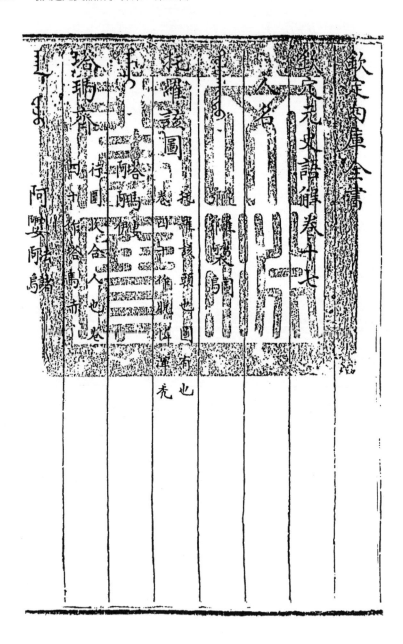

十七、《欽定元史語解》人名（九）

《欽定元史語解‧人名》滿漢對照表

順次	滿洲語	漢　字	羅馬拼音	詞　義
1		托羅　　　　諧圖	tologaitu	蒙古語，有頭
2		塔瑪齊	tamaci	蒙古語，行圍收合人
3		阿蘭　　　　法珠	alan faju	滿洲語，樺皮樹叉
4		特穆爾　　　　達實	temur dasi	蒙古語，鐵　唐古特語，吉祥
5		阿達里　　　　特呼	adalithū	蒙古語，相同
6		布拉	bula	滿洲語，荊棘

順次	滿洲語	漢　字	羅馬拼音	詞　義
7		阿　嚕 圖　們	aru tumen	蒙古語， 山陰萬
8		文殊努	wenšunu	
9		繅勒噶	saolga	蒙古語， 桶
10		托　音 巴　延	toin bayan	蒙古語， 僧富
11		巴　特　瑪 多　爾　濟	batma dorji	唐古特語， 蓮花金剛
12		寶　通	botung	
13		布　延 布　哈	buyan buha	蒙古語， 福牡牛

順次	滿洲語	漢　字	羅馬拼音	詞　義
14		巴克實	baksi	蒙古語，師
15		達繖	dasan	滿洲語，政治
16		鼎鼎	dingding	
17		尊達實哩	dzunda siri	梵語，準提威
18		額圖琿	etuhun	滿洲語，健壯
19		濟蘭巴爾	jiran bar	蒙古語，六十虎
20		布爾噶	burga	滿洲語，柳條
21		道通	dootung	

順次	滿洲語	漢　字	羅馬拼音	詞　義
22		都蘭 格爾	dulan ger	蒙古語， 温煖房屋
23		琳沁 達喇	rincin dara	唐古特語， 寶 梵語， 救渡
24		隆普	lungpu	唐古特語， 河源
25		穆爾瑪 哈穆特	mur mahamut	蒙古語， 踪跡行
26		奇納	kina	蒙古語， 詳察
27		薩古納	sagūna	蒙古語， 坐
28		瑪勒低	maldai	蒙古語， 有牲畜
29		哈斯	has	蒙古語， 玉

順次	滿洲語	漢　字	羅馬拼音	詞　義
30		蘇圖 伊烏爾 華	isu urtu hūwa	蒙古語， 九長 乾草 黃馬
31		阿爾奇	arki	滿洲語， 燒酒
32		齊克爾 齊穆 特	cicik temur	蒙古語， 花鐵
33		古寶 諤埒	ūgulesi	蒙古語， 講論
34		哈喇 多爾濟	hara dorji	蒙古語， 黑色 唐古特語， 金剛
35		英實	yengsi	滿洲語， 筵席

順次	滿洲語	漢　字	羅馬拼音	詞　義
36		特哩 特穆爾	teri temur	蒙古語, 整齊鐵
37		阿里瑪	alima	蒙古語, 梨
38		達實 巴圖爾	dasi batur	蒙古語, 吉祥 勇
39		瑪們 和卓	mamun hojo	回語, 循理 美稱
40		諤格實	ūgesi	蒙古語, 網
41		阿爾納 古爾台	ar nagūrtai	蒙古語, 花紋 有池
42		烏努噶 勒	unulga	蒙古語, 騎馬

順次	滿洲語	漢　字	羅馬拼音	詞　義
43		安　班	amban	滿洲語，臣宰
44		羅　羅	lo lo	唐古特語，年年
45		曼濟雅哈	manji haya	蒙古語，公駝鹿山墻
46		巴克實克呼圖	baksi hūtuk	蒙古語，師福
47		呼圖克雅哈	hūtuk haya	蒙古語，福山墻
48		僧格哩實	sengge siri	唐古特語，獅　梵語，威

順次	滿洲語	漢　字	羅馬拼音	詞　義
49		蒙果勒 哈　雅	monggol haya	蒙古語， 蒙古 山墻
50		薩納勒	sanal	蒙古語， 心
51		烏呼	ure	蒙古語， 子嗣
52		班迪 沙克嘉	bandi šakjiya	唐古特語， 僧手印
53		斡魯	walu	滿洲語， 癧疽
54		額特 默色	et mese	蒙古語， 財帛器械
55		哈迪爾	hadir	蒙古語， 回人名
56		約約	yoyo	唐古特語， 履動

順次	滿洲語	漢　字	羅馬拼音	詞　義
57		扎古 薩遜	jasagūsun	蒙古語，掌班序官
58		圖默 薩色	tusa mese	蒙古語，益器械
59		察特 罕穆爾	cagan temur	蒙古語，白色鐵
60		旺勒 扎南喇圖	wangjal nan	唐古特語，尊勝全
61		實巴	sira batu	蒙古語，黃色結實
62		扎雅罕	jayagan	蒙古語，命

順次	滿洲語	漢 字	羅馬拼音	詞 義
63		奇爾 濟蘇 特穆爾	kir jisu temur	蒙古語， 斑點 顏色 鐵
64		奇塔特 昆	kitat kun	蒙古語， 漢人
65		卓奇珠 雅	jokiyaju	蒙古語， 稟賦
66		威喇岱 僧格 實哩	oiradai sengge siri	蒙古語， 近 唐古特語， 獅 梵語， 威
67		哈喇圖	haratu	蒙古語， 有黑色

順次	滿洲語	漢　字	羅馬拼音	詞　義
68		桑圖實哩	sang tu siri	唐古特語，好力　梵語，威
69		圖嚕特穆爾	turu temur	蒙古語，頭目鐵
70		達爾瑪嘉勒燦爾	darma jiyalts'an	梵語，法　唐古特語，幢旛
71		阿爾烏遜	ar usun	蒙古語，花紋水
72		庫騰阿哈	kuten aha	蒙古語，沉重兄

順次	滿洲語	漢　字	羅馬拼音	詞　義
73		薩爾巴達寶	sarba dasi	唐古特語，新吉祥
74		威台	oitai	蒙古語，有記性
75		察罕岱布哈	cagandai buha	蒙古語，有白色牝牛
76		三聖努	sanšengnu	
77		妙樂努	miyaoyonu	
78		奇爾巴延布哈	kir bayan buha	蒙古語，斑點富牝牛

順次	滿洲語	漢　字	羅馬拼音	詞　義
79		奇　爾 爾 巴　爾	kir bar	蒙古語， 斑點虎
80		嘉　木　揚 實　哩	jiyamyan siri	唐古特語， 文殊菩薩 梵語， 威
81		阿　嚕 烏　遜	aru usun	蒙古語， 山陰水
82		哈喇章	harajang	蒙古語， 黑心人
83		尼蘇該	nisugai	蒙古語， 流涕小兒
84		藏　實	dzang ši	唐古特語， 好和
85		伊　埒克 呼圖克	ile hūtuk	蒙古語， 明顯福

順次	滿洲語	漢　字	羅馬拼音	詞　義
86		和實衮	hošigūn	蒙古語，山岡盡處
87		額森 岱爾	esen dair	蒙古語，平安 牡鹿
88		海罕	haihan	滿洲語，沿條
89		烏格	uge	蒙古語，言
90		達烏	da u	唐古特語，朋友
91		濟爾噶巴	jirgaba	蒙古語，安逸
92		巴實努	bašinu	
93		埒克戩	lek jiyan	唐古特語，好裝嚴

順次	滿洲語	漢　字	羅馬拼音	詞　義
94		僧格　伊衮	sengge it gun	唐古特語，獅心普遍
95		庫春　巴爾	kucun bar	蒙古語，力虎
96		班珠爾　瑪克	banjur mak	唐古特語，無違兵
97		努爾　都噶	nudurga	蒙古語，拳
98		達蘭	dalan	蒙古語，七十
99		鄂蘭	olan	蒙古語，衆多
100		滿滿	manman	
101		薩木丹　巴	samdan ba	唐古特語，禪定人

順次	滿洲語	漢　字	羅馬拼音	詞　義
102		普賢努	puhiyannu	
103		魯達實	lu dasi	唐古特語， 龍吉祥
104		岱音 特穆爾	dain temur	蒙古語， 敵鐵
105		巴延 特古斯	bayan tegus	蒙古語， 富雙
106		達爾瑪 雅爾	darma yar	梵語， 法 唐古特語， 上
107		阿穆 爾丹	amurdan	蒙古語， 有安
108		沙克嘉 鼐	šakjiya nai	唐古特語， 手印地方

順次	滿洲語	漢　字	羅馬拼音	詞　義
109		蕭嘉努	siyaogiyanu	
110		齊拉袞特穆爾	cilagūn temur	蒙古語，石鐵
111		伯奇鼐爾	beki nair	蒙古語，堅固和氣
112		壽通	šeotung	
113		烏蘭雅哈	ulan haya	蒙古語，紅色山墻
114		巴特瑪實哩	batma siri	唐古特語，蓮花　梵語，威

順次	滿洲語	漢 字	羅馬拼音	詞 義
115		賽音 布 哈	sain buha	蒙古語， 好牡牛
116		賽音齋	sainci	蒙古語， 行善人
117		長生奴	cangšengnu	
118		楊珠 布 哈	yangju buha	蒙古語， 儀表牡牛
119		旺布哈	wang buha	唐古特語， 權 蒙古語， 牡牛
120		托克托 特穆爾	tokto temur	蒙古語， 鐵

順次	滿洲語	漢　字	羅馬拼音	詞　義
121		巴喇密特 特穆爾	baramit temur	蒙古語， 到彼岸 鐵
122		實保 特穆爾	sibao temur	蒙古語， 禽鳥鐵
123		拉拜 哈屯	labia hatu	蒙古語， 碑碣王妃
124		沁布 阿咱爾	cimbu adzar	唐古特語， 大 梵語， 僧
125		僧珠	sengju	
126		巴延 布哈 德濟	bayan buha deji	蒙古語， 富牡牛 上分

順次	滿洲語	漢　字	羅馬拼音	詞　義
127		雅　克 科　爾	yak k'or	唐古特語， 好輪
128		達　呼	dahū	蒙古語， 皮端罩
129		托　音 布　哈	toin buha	蒙古語， 僧牤牛
130		塔　爾 布　斯	tarbus	蒙古語， 西瓜
131		巴　咱　爾 布　哈	badzar buha	梵語， 金剛 蒙古語， 牤牛
132		庫　庫 特　穆　爾	kuku temur	蒙古語， 青色鐵
133		圖　烈 布　哈	tulliye buha	蒙古語， 燒柴 牤牛
134		摩　該	mogai	蒙古語， 蛇

順次	滿洲語	漢　字	羅馬拼音	詞　義
135		岱　律	dailioi	
136		敏珠爾 哈　雅	minjur haya	唐古特語， 無違 蒙古語， 山墻
137		保布哈	boo buha	蒙古語， 鳥槍牸牛
138		布　達 斡爾密	buda warmi	梵語， 佛甲
139		斯隆尼	srungni	唐古特語， 護法二
140		布固圖	bugūtu	蒙古語， 有鹿
141		阿拉克 奇爾	alak kir	蒙古語， 花斑 斑點

順次	滿洲語	漢　字	羅馬拼音	詞　義
142		布　延 達　實	buyan dasi	蒙古語， 福 唐古特語， 吉祥
143		訥　呼　圖	neretu	蒙古語， 有名
144		昆　都 特　穆　爾	kundu temur	蒙古語， 重鐵
145		特　哩 實　克	teri sik	蒙古語， 整齊相似
146		博　羅 實　勒	boro sil	蒙古語， 青色琉璃
147		鄂　扎　木	ojam	蒙古語， 寬闊
148		薩　蘭 托　里	saran toli	蒙古語， 月鏡

順次	滿洲語	漢　字	羅馬拼音	詞　義
149		哈　達 布　哈	hada buha	山峰 牤牛
150		伊里布	ilibu	滿洲語， 令立
151		溫都罕 爾	ūndurhan	蒙古語， 微高
152		托　音 特穆爾	toin temur	蒙古語， 僧鐵
153		巴　延 達　實	bayan dasi	蒙古語， 富 唐古特語， 吉祥
154		巴　圖 呼喇勒	batu hūral	蒙古語， 結實集聚
155		和琳台	horintai	蒙古語， 有二十
156		希扎	hija	滿洲語， 爐

順次	滿洲語	漢　字	羅馬拼音	詞　義
157		丹　津 特穆爾	danjin temur	唐古特語， 掌教 蒙古語， 鐵
158		章　嘉	janggiya	蒙古語， 結
159		托　爾	toor	蒙古語， 籧網
160		呼　遜	hūsun	滿洲語， 力
161		密迪哩 巴　拉	midiri bala	梵語， 慈守護
162		和　爾 密	h'or mi	唐古特語， 蒙古人
163		密爾迪 　巴	mirdi	唐古特語， 有利益
164		安　堅 　巴	amba giyan	滿洲語， 大理

順次	滿洲語	漢　字	羅馬拼音	詞　義
165		阿古達	agūda	蒙古語，寬闊

資料來源：《欽定四庫全書》，「史部」，《欽定元史語解》，
　　　卷十七。

　　表中所列人名，共計一六五人。托羅該圖，蒙古語讀
如“tologaitu”，意即「有頭」，卷四十作「脫憐渾禿」。
塔瑪齊，蒙古語讀如“tamaci”，意即「行圍收合人」，卷
四十作「塔瑪赤」。阿蘭法珠，滿洲語讀如“alan faju”，
意即「樺皮樹叉」，卷四十作「阿魯佛住」。特穆爾達
實，蒙古語「特穆爾」讀如“temur”，意即「鐵」，唐古
特語「達實」讀如“dasi”，意即「吉祥」，卷四十作「鐵
木兒塔鐵」。阿達里特呼，蒙古語讀如“adalithū”，意
即「相同」，卷四十作「阿答理胡」。布拉，滿洲語讀如
“bula”，意即「荊刺」，卷四十作「不老」。阿嚕圖們，
蒙古語讀如“aru tumen”，意即「山陰萬」，卷四十作「阿
魯禿滿」。文殊努，讀如“wenšunu”，卷四十一作「文珠
奴」，因以佛號為名，但改字面而已。繰勒噶，蒙古語讀
如“saolga”，意即「桶」，卷四十一作「鎖兒哈」。托音
巴延，蒙古語讀如“toin bayan”，意即「僧富」，卷四十
一作「脫因伯顏」。巴特瑪多爾濟，唐古特語讀如“batma
dorji”，意即「蓮花金剛」，卷四十一作「八禿麻朶兒
只」。寶通，讀如“bootung”，卷四十一件「保童」，無
解義，但改字面。布延布哈，蒙古語讀如“buyan buha”，
意即「福牝牛」，卷四十一作「普顏不花」。巴克實，蒙

古語讀如“baksi”，意即「師」，卷四十一作「拔實」，卷四十二作「八十」。達徹，滿洲語讀如“dasan”，意即「政治」，卷四十一作「定僧」，卷一〇九作「塔賽」。鼎鼎，讀如“dingding”，卷四十一作「定定」，無解義，但改字面。尊達實哩，梵語讀如“dzunda siri”，意即「準提威」，卷四十一作「左答納失里」，卷一四二作「左答納失理」。

　　額圖琿，滿洲語讀如“etuhun”，意即「健壯」，卷四十一作「亦禿渾」。濟蘭巴爾，蒙古語讀如“jiran bar”，意即「六十虎」，卷四十一作「吉剌班」。布爾噶，滿洲語讀如“burga”，意即「柳條」，卷四十一作「不兒國」。道通，讀如“dootung”，卷四十一作「道童」，無解義。都蘭格爾，蒙古語讀如“dulan ger”，意即「溫煖房屋」，卷四十一作「朶郎吉兒」。琳沁達喇，唐古特語「琳沁」讀如“rincin”，意即「寶」，梵語「達喇」讀如“dara”，意即「救渡」，卷四十一作「亦憐只答兒」。隆普，唐古特語讀如“lungpu”，意即「河源」，卷四十一作「隴普」。穆爾瑪哈穆特，蒙古語「穆爾」讀如“mur”，意即「踪跡」，「瑪哈穆特」讀如“mahamut”，意即「五行之行」，卷四十一作「迷兒馬哈謨」，卷四十二作「密邇麻和謨」，卷九十四作「迷兒麻合馬」。奇納，蒙古語讀如“kina”，意即「詳察」，卷四十一作「嘉納」，卷一一三作「加納」。薩古納，蒙古語讀如“sagūna”，意即「坐」，卷四十一作「鎖火奴」。瑪勒岱，蒙古語讀如“maldai”，意即「有牲畜」，卷四十一作「買列的」。哈斯，蒙古語讀如“has”，意即「玉」，卷四十二作「黑

厮」，卷一三二作「黑子」。伊蘇烏爾圖華，蒙古語讀如
"isu urtu hūwa"，意即「九長乾草黃馬」，卷四十二作
「玉樞虎兒吐華」。阿爾奇，滿洲語讀如"arki"，意即
「燒酒」，卷四十二作「阿剌乞」，又作「阿剌吉」。
齊齊克特穆爾，蒙古語讀如"cicik temur"，意即「花
鐵」，卷四十二作「徹徹帖木兒」。諤古埒實，蒙古語讀如
"ūgulesi"，意即「講論」，卷四十二作「月古輪失」。

　　哈喇多爾濟，蒙古語「哈喇」讀如"hara"，意即
「黑色」，唐古特語「多爾濟」讀如"dorji"，意即「金
剛」，卷四十二作「哈藍朵兒只」。英實，滿洲語讀如
"yengsi"，意即「筵席」，卷四十二作「牙安沙」，
卷四十三作「牙罕沙」。特哩特穆爾，蒙古語讀如"teri
temur"，意即「整齊鐵」，卷四十二作「帖理帖木兒」，
卷四十三作「帖里帖木兒」，卷四十六作「迭里帖木
兒」。阿里瑪，蒙古語讀如"alima"，意即「梨」，卷
四十二作「阿兒麻」。達實巴圖爾，唐古特語「達實」
讀如"dasi"，意即「吉祥」，蒙古語「巴圖爾」讀如
"batur"，意即「勇」，卷四十二作「答失八都魯」。瑪
們和卓，回語讀如"mamun hojo"，意即「循理美稱」，卷
四十二作「馬某大者」。諤格實，蒙古語讀如"ūgesi"，
意即「網」，卷四十二作「兀忽失」。阿爾納古爾台，蒙
古語讀如"ar nagūrdai"，意即「花紋有池」，卷四十二
作「里納忽台」。烏努勒噶，蒙古語讀如"unulga"，意
即「騎馬」，卷四十二作「兀奴罕」。安班，滿洲語讀如
"amban"，意即「臣宰」，卷四十二作「愛因班」，卷四
十四作「阿因班」。羅羅，唐古特語讀如"lo lo"，意即

「年年」，卷四十二作「老老」。曼濟哈雅，蒙古語讀如 "manji haya"，意即「公駝鹿山墻」，卷四十二作「蠻子海牙」。巴克實呼圖克，蒙古語讀如 "baksi hūtuk"，意即「師福」，卷四十二作「八失忽都」。呼圖克哈雅，蒙古語讀如 "hūtuk haya"，意即「福山墻」，卷四十二作「渾都海牙」，卷一一三作「忽都海牙」。僧格實哩，唐古特語「僧格」讀如 "sengge"，意即「獅」，梵語「實哩」讀如 "siri"，意即「威」，卷四十二作「桑哥失里」，卷一九五作「相哥失力」。

　　蒙果勒哈雅，蒙古語讀如 "monggol haya"，意即「蒙古山墻」，卷四十二作「蒙古魯海牙」。薩納勒，蒙古語讀如 "sanal"，意即「心」，卷四十二作「匝納祿」，卷一二四作「咱納祿」。烏呼，蒙古語讀如 "ure"，意即「子嗣」，卷四十二作「鬼釐」。班迪沙克嘉，唐古特語讀如 "bandi šakjiya"，意即「僧手印」，卷四十二作「班的失監」。斡魯，滿洲語讀如 "walu"，意即「癰疽」，卷四十二作「斡羅」。額特默色，蒙古語讀如 "et mese"，意即「財帛器械」，卷四十二作「也忒迷失」。哈迪爾，蒙古語讀如 "hadir"，回人名，卷四十二作「黑的兒」。約約，唐古特語讀如 "yoyo"，意即「履動」，卷四十二作「咬咬」。扎薩古遜，蒙古語讀如 "jasagūsun"，意即「掌班序官」，卷四十二作「扎撒温孫」，卷四十四作「扎撒兀孫」。圖薩默色，蒙古語讀如 "tusa mese"，意即「益器械」，卷四十二作「禿思迷失」。察罕特穆爾，蒙古語讀如 "cagan temur"，意即「白色鐵」，卷四十二作「察罕帖木兒」。旺扎勒南，唐古特語讀如 "wangjal nan"，意即

「尊勝全」，卷四十三作「汪只南」。實喇巴圖，蒙古語讀如"sira batu"，意即「黃色結實」，卷四十三作「失剌把都」，卷九十九作「斜良拔都」，卷一六六作「昔刺拔都」。扎雅罕，蒙古語讀如"jayagan"，意即「命」，卷四十三作「搠羊哈」。奇爾濟蘇特穆爾，蒙古語讀如"kir jisu temur"，意即「斑點顏色鐵」，卷四十三作「闊兒吉思帖木兒」。

　奇塔特昆，蒙古語讀如"kitat kun"，意即「漢人」，卷四十三作「乾帖困」，卷九十五作「欠帖温昆」。桌奇雅珠，蒙古語讀如"jokiyaju"，意即「稟賦」，卷四十三作「朮赤朮」。威喇岱僧格實哩，蒙古語「威喇岱」讀如"ūradai"，意即「有近」，唐古特語「僧格」讀如"sengge"，意即「獅」，梵語「實哩」讀如"siri"，意即「威」，卷四十三作「歪剌歹桑哥失里」。哈喇圖，蒙古語讀如"haratu"，意即「有黑色」，卷四十三作「哈臨禿」，卷四十四作「哈林禿」，卷一五六作「哈剌禿」。桑圖實哩，唐古特語「桑園」讀如"sang tu"，意即「好力」，梵語「實哩」讀如"siri"，意即「威」，卷四十三作「桑禿失里」。圖嚕特穆爾，蒙古語讀如"turu temur"，意即「頭目鐵」，卷四十三作「禿魯帖木兒」。達爾瑪嘉勒燦，梵語「達爾瑪」讀如"darma"，意即「法」，唐古特語「嘉勒燦」讀如"jiyalts'an"，意即「幢旛」，卷四十三作「答兒麻監藏」。阿爾烏遜，蒙古語讀如"ar usun"，意即「花紋水」，卷四十三作「阿里温沙」，又作「阿兒温沙」。庫騰阿哈，蒙古語讀如"kuten aha"，意即「沉重兄」，卷四十三作「闊端阿合」。薩爾巴達實，唐古特

語讀如"sarba dasi"，意即「新吉祥」，卷四十三作「撒蠻答失」。威台，蒙古語讀如"oitai"，意即「有記性」，卷四十三作「嵬的」。察罕岱布哈，蒙古語讀如"cagandai buha"，意即「有白色牝牛」，卷四十三作「長安迭不花」。三聖努，讀如"sanšengnu"，卷四十三作「三聖奴」，無解義。妙樂努，讀如"miyaoyonu"，卷四十三作「妙樂奴」，無解義。

奇爾巴延布哈，蒙古語讀如"kir bayan buha"，意即「玟點富牝牛」，卷四十四作「奇伯顏不花」。奇爾巴爾，蒙古語讀如"kir bar"，意即「斑點虎」，卷四十四作「乞剌班」。嘉木揚實哩，唐古特語「嘉木揚」讀如"jiyamyang"，意即「文殊菩薩」，梵語「實哩」讀如"siri"，意即「威」，卷四十四作「扎牙失里」。阿嚕烏遜，蒙古語讀如"aru usun"，意即「山陰水」，卷四十四作「阿魯溫沙」。哈喇章，蒙古語讀如"harajang"，意即「黑心人」，卷四十四作「哈剌章」。尼蘇該，蒙古語讀如"nisugai"，意即「流涕小兒」，卷四十四作「捏兀失該」。藏實，唐古特語讀如"dzang ši"，意即「好和」，卷四十四作「藏十」。伊埒呼圖克，蒙古語讀如"ile hūtuk"，意即「明顯福」，卷四十四作「也里忽都」。和實袞，蒙古語讀如"hošigūn"，意即「山岡盡處」，卷四十四作「火赤溫」，卷九十五作「和斜溫」，卷一二一作「合赤溫」。額森岱爾，蒙古語讀如"esen dair"，意即「平安牡鹿」，卷四十四作「也先迭兒」。海罕，滿洲語讀如"haihan"，意即「沿條」，卷四十四作「黑漢」。烏格，蒙古語讀如"uge"，意即「言」，卷四十四作「歪哥」，

卷一一九作「斡可」。達烏，唐古特語讀如 "da u"，意即「朋友」，卷四十四作「倒吾」。濟爾噶巴，蒙古語讀如 "jirgaba"，意即「安逸」，卷四十四作「只兒噯伯」。巴實努，讀如 "bašinu"，卷四十四作「八十奴」，無解義。埒克戩，唐古特語讀如 "lek jiyan"，意即「好裝嚴」，卷四十四作「烈瞻」。僧格伊特袞，唐古特語讀如 "sengge it gun"，意即「獅心普遍」，卷四十四作「桑哥亦禿渾」。

　　庫春巴爾，蒙古語讀如 "kucun bar"，意即「力虎」，卷四十四作「寬徹班」。班珠爾瑪克，唐古特語讀如 "banjur mak"，意即「無違兵」，卷四十四作「絆住馬」。努都爾噶，蒙古語讀如 "nudurga"，意即「拳」，卷四十四作「紐的該」。達蘭，蒙古語讀如 "dalan"，意即「七十」，卷四十四作「答蘭」，卷九十五作「塔蘭」。鄂蘭，蒙古語讀如 "olan"，意即「眾多」，卷四十四作「斡欒」。滿滿，讀如 "manman"，卷四十四作「蠻蠻」，無解義。薩木丹巴，唐古特語讀如 "samdan ba"，意即「禪定人」，卷四十四作「三旦八」。普賢努，讀如 "puhiyannu"，卷四十四作「普賢奴」，以佛號為名。魯達實，唐古特語讀如 "lu dasi"，意即「龍吉祥」，卷四十四作「老的沙」。岱音特穆爾，蒙古語讀如 "dain temur"，意即「敵鐵」，卷四十四作「歹帖木兒」。巴延特古斯，蒙古語讀如 "bayan tegus"，意即「富雙」，卷四十五作「伯顏禿古思」。達爾瑪雅爾，梵語「達爾瑪」讀如 "darma"，意即「法」，唐古特語「雅爾」讀如 "yar"，意即「上」，卷四十五作「答兒麻亦兒」。阿穆爾丹，蒙古語讀如 "amurdan"，意即「有安」，卷四十五作「阿

迷里丁」。沙克嘉鼐，唐古特語讀如“šakjiya nai”，意即「手印地方」，卷四十五作「釋嘉訥」。蕭嘉努，讀如“siyaogiyanu”，卷四十五作「蕭家奴」，無解義。齊拉袞特穆爾，蒙古語讀如“cilagūn temur”，意即「石鐵」，卷四十五作「亦老温帖木兒」。伯奇鼐爾，蒙古語讀如“beki nair”，意即「堅固和氣」，卷四十五作「伯嘉訥」。壽通，讀如“šeotung”，卷四十五作「壽童」，無解義。

烏蘭哈雅，蒙古語讀如“ulan haya”，意即「紅色山墻」，卷四十五作「兀良海牙」。巴特瑪實哩，唐古特語「巴特瑪」讀如“batma”，意即「蓮花」，梵語「實哩」讀如“siri”，意即「威」，卷四十五作「八都麻失里」。賽音布哈，蒙古語讀如“sain huha”，意即「好牤牛」，卷四十五作「賽因不花」。賽音齊，蒙古語讀如“sainci”，意即「行善人」，卷四十五作「賽因赤」。長生努，讀如“cangšengnu”，卷四十五作「長生奴」，無解義。揚珠布哈，蒙古語讀如“yangju buha”，意即「儀表牤牛」，卷四十五作「燕赤不花」，卷四十六作「燕只不花」，卷一三八作「燕者不花」，卷一六七作「燕出不花」。旺布哈，唐古特語「旺」讀如“wang”，意即「權」，蒙古語「布哈」讀如“buha”，意即「牤牛」，卷四十五作「完卜花」，卷二〇四作「王不花」。托克托特穆爾，蒙古語讀如“tokto temur”，意即「定鐵」，卷四十五作「脫脫帖木兒」。巴喇密特特穆爾，蒙古語讀如“baramit temur”，意即「到彼岸鐵」，卷四十五作「般若帖木兒」。實保特穆爾，蒙古語讀如“sibao temur”，意即「禽鳥鐵」，卷四十五作「昔班鐵木兒」。拉拜哈屯，蒙古語讀如“labai hatun”，意即

「硨磲王妃」，卷四十五作「剌八哈敦」。沁布阿咱爾，唐古特語「沁布」讀如"cimbu"，意即「大」，梵語「阿咱爾」讀如"adzar"，意即「僧」，卷四十五作「全普庵撒里」。僧珠，讀如"sengju"，卷四十五作「僧住」，無解義。巴延布哈德濟，蒙古語讀如"bayan buha deji"，意即「富牡牛上分」，卷四十五作「伯延不花的斤」。

　　雅克科爾，唐古特語讀如"yak k'or"，意即「好輪」，卷四十五作「燕古兒」。達呼，蒙古語讀如"dahū"，意即「皮端罩」，卷四十五作「答忽」。托音布哈，蒙古語讀如"toin buha"，意即「僧牡牛」，卷四十五作「脫因不花」，卷一三三作「脫穎溥化」。塔爾布斯，蒙古語讀如"tarbus"，意即「西瓜」，

　　卷四十五作「迭兒必失」。巴咱爾布哈，梵語「巴咱爾」讀如"badzar"，意即「金剛」，蒙古語「布哈」讀如"buha"，意即「牡牛」，卷四十六作「八撒剌不花」。庫庫特穆爾，蒙古語讀如"kuku temur"，意即「青色鐵」，卷四十六作「擴廓帖木兒」，卷一六六作「闊闊帖木兒」。圖烈布哈，蒙古語讀如"tuliye buha"，意即「燒柴牡牛」，卷四十六作「朵列不花」。摩該，蒙古語讀如"mogai"，意即「蛇」，卷四十六作「貊高」。岱律，讀如"dailioi"，卷四十六作「歹驢」，無解義。敏珠爾哈雅，唐古特語「敏珠爾」讀如"minjur"，意即「無違」，蒙古語「哈雅」讀如"haya"，意即「山墻」，卷四十六作「米只兒海牙」，卷一一二作「廉米只兒海牙」。保布哈，蒙古語讀如"boo buha"，意即「鳥槍牡牛」，卷四十六作「札不花」。布達斡爾密，梵語讀如"buda warmi"，

意即「佛甲」，卷四十六作「波廸哇兒禡」。斯隆尼，唐古特語讀如 "srungni"，意即「護法二」，卷四十六作「思龍宜」。布固圖，蒙古語讀如 "bugūtu"，意即「有鹿」，卷四十六作「伯忽都」。阿拉克奇爾，蒙古語讀如 "alak kir"，意即「花斑斑點」，卷四十六作「阿剌乞兒」。

　　布延達實，蒙古語「布延」讀如 "buyan"，意即「福」，唐古特語「達實」讀如 "dasi"，意即「吉祥」，卷四十六作「卜延答失」。訥呼圖，蒙古語讀如 "neredu"，意即「有名」，卷四十六作「捏烈禿」。昆都特穆爾，蒙古語讀如 "kundu temur"，意即「重鐵」，卷四十六作「渾都帖木兒」。特哩實克，蒙古語讀如 "teri sik"，意即「整齊相似」，卷四十六作「帖林沙」。博羅實勒，蒙古語讀如 "boro sil"，意即「青色琉璃」，卷四十七作「孛羅沙」，卷一一八作「伯羅沙」。鄂扎木，蒙古語讀如 "ojam"，意即「寬闊」，卷四十七作「完者木」。薩蘭托里，蒙古語讀如 "saran toli"，意即「月鏡」，卷四十七作「沙藍答里」，卷一四一作「沙藍答兒」。哈達布哈，蒙古語讀如 "hada buha"，意即「山峯牪牛」，卷四十七作「赫德溥化」。伊里布，滿洲語讀如 "ilibu"，意即「令立」，卷四十七作「玉倫普」，卷一三五作「也里里白」。溫都爾罕，蒙古語讀如 "ūndurhan"，意即「微高」，卷四十七作「掩篤剌哈」。托音特穆爾，蒙古語讀如 "toin temur"，意即「僧鐵」，卷四十七作「脫因帖木兒」。巴延達實，蒙古語「巴延」讀如 "bayan"，意即「富」，唐古特語「達實」讀如 "dasi"，意即「吉祥」，卷四十七作「伯顏達世」，卷一一七作「伯顏答失」。巴圖呼喇勒，

蒙古語讀如"batu hūral"，意即「結實集聚」，卷四十七作「法都忽剌」。和琳台，蒙古語讀如"horintai"，意即「有二十」，卷四十七作「忽林台」。希扎，滿洲語讀如"hija"，意即「爐」，卷四十七作「小章」。

丹津特穆爾，唐古特語「丹津」讀如"danjin"，意即「掌教」，蒙古語「特穆爾」讀如"temur"，意即「鐵」，卷四十七作「典堅帖木兒」。章嘉，蒙古語讀如"janggiya"，意即「結」，卷四十七作「莊家」。托爾，蒙古語讀如"toor"，意即「簹網」，卷四十七作「朵兒」，卷一一六作「朵耳」。呼遜，滿洲語讀如"hūsun"，意即「力」，卷四十七作「厚孫」，卷一二五作「忽先」。密迪哩巴拉，梵語讀如"midiri bala"，意即「慈守護」，卷四十七作「買的里八剌」。和爾宻，唐古特語讀如"h'or mi"，意即「蒙古人」，卷五十作「和里迷」。宻爾迪，唐古特語讀如"mirdi"，意即「有利益」，卷五十作「滅的」。安巴堅，滿洲語讀如"amba giyan"，意即「大理」，卷五十九作「阿保機」。阿古達，蒙古語讀如"agūda"，意即「寬闊」，卷五十九作「烏古打」。

表中文殊努（wenšunu）、普賢努（puhiyannu），都是以佛號為名，說明藏傳佛教在元社會信仰的普及。布達，梵語讀如"buda"，意即「佛」。達爾瑪，梵語讀如"darma"，意即「法」。阿咱爾，梵語讀如"adzar"，意即「僧」。托音，蒙古語讀如"toin"，意即「僧」。班迪，唐古特語讀如"bandi"，意即「僧」。巴咱爾，梵語讀如"badzar"，意即「金剛」。多爾濟，唐古特語讀如"dorji"，意即「金剛」。嘉木揚，唐古特語讀

如"jiyamyang"，意即「文殊菩薩」。薩木丹，唐古特語讀如"samdan"，意即「禪定」。巴特瑪，唐古特語讀如"batma"，意即「蓮花」。巴喇密特，蒙古語讀如"baramit"，意即「到彼岸」。

以鐵、牡牛為名，說明鐵、牡牛受到社會上普遍的重視。特穆爾達實（temur dasi），意即「鐵吉祥」。齊齊克特穆爾（cicik temur），意即「花鐵」。特哩特穆爾（teri temur），意即「整齊鐵」。察罕特穆爾（cagan temur），意即「白色鐵」。奇爾濟蘇特穆爾（kir jisu temur），意即「斑點顏色鐵」。岱音特穆爾（dain temur），意即「敵鐵」。齊拉袞特穆爾（cilagūn temur），意即「石鐵」。托克托特穆爾（tokto temur），意即「定鐵」。巴喇密特特穆爾（baramit temur），意即「到彼岸鐵」。實保特穆爾（sibao temur），意即「禽鳥鐵」。庫庫特穆爾（kuku temur），意即「青色鐵」。昆都特穆爾（kundu temur），意即「重鐵」。托音特穆爾（toin temur），意即「僧鐵」。丹津特穆爾（danjin temur），意即「掌教鐵」。

布延布哈（buyan buha），意即「福牡牛」。察罕岱布哈（cagandai buha），意即「有白色牡牛」。賽音布哈（sain buha），意即「好牡牛」。揚珠布哈（yangju buha），意即「儀表牡牛」。旺布哈（wang buha），意即「權牡牛」。巴延布哈德濟（bayan buha deji），意即「富牡牛上分」。托音布哈（toin buha），意即「僧牡牛」。巴咱爾布哈（badzar buha），意即「金剛牡牛」。圖烈布哈（tuliye buha），意即「燒柴牡牛」。保布哈（boo buha），意即「鳥槍牡牛」。哈達布哈（hada buha），意即「山峯牡

牛」。

實默

津液也卷八作石買卷一
百四十九作沙密併改

阿塔烏補雅春

塔布岱

塔布五數也岱有也卷八作塔不帶卷
一百作塔不解卷一百九作戌不夕併改

圖烈

鳥圖伊禮額葉

燒柴也卷八作脫烈卷二十六
作脫列卷八十一作蔦烈併改

察罕布哈

察罕白色也布哈牝牛
也卷八作察罕不花

阿察阿蔑烏補阿哈

阿塔阿哈

欽定四庫全書

欽定元史語解卷十八

人名

巴齊蘇
阿伊烏

巴爾濟蘇
巴爾虎也濟蘇顏色也卷六十三作八里吉思卷一百七十五作八爾吉思併改

都哩特穆爾
烏伊額烏

都哩特穆爾
都哩骨格也特穆爾鐵也卷六十三作篤來帖木兒

伯勒埒伊哷
額勒埒

十八、《欽定元史語解》人名（十）

《欽定元史語解・人名》滿漢對照表

順次	滿洲語	漢　字	羅馬拼音	詞　義
1		巴爾濟蘇	bar jisu	蒙古語，虎顏色
2		都哩特穆爾	duri temur	蒙古語，骨格鐵
3		伯勒齊爾	belcir	蒙古語，牧場
4		庫騰	kuten	蒙古語，沉重
5		莽蘇爾	mangsur	蒙古語，回人名

順次	滿洲語	漢　字	羅馬拼音	詞　義
6		扎木齊	jamci	蒙古語，管道路人
7		烏巴實	ubasi	蒙古語，戒名
8		鄂囉齊	oroci	蒙古語，候缺人
9		雅克黙 色	yak mese	蒙古語，結實器械
10		烏爾努台	unurtai	蒙古語，有味
11		和爾布哈	hor buha	蒙古語，箭壺牝牛
12		珠拉齊	julaci	蒙古語，執燈人
13		烏魯斯哈雅	ulus haya	蒙古語，國山牆

順次	滿洲語	漢　字	羅馬拼音	詞　義
14		沙卜珠	šabju	唐古特語，字鈎
15		雅布呼	yabuhū	蒙古語，行
16		呼圖克約㹃	hūtuk yosu	蒙古語，福道理
17		額森鼐爾	esen nair	蒙古語，平安和氣
18		必克楚默色	bikcu mese	梵語，比邱　蒙古語，器械
19		圖們	tumen	蒙古語，萬
20		扎哈岱	jahadai	蒙古語，有邊疆

順次	滿洲語	漢　字	羅馬拼音	詞　義
21		伊普迪 哈魯罘	ipudi haludin	蒙古語， 回人名
22		都爾本	durben	蒙古語， 四
23		和克	hok	蒙古語， 產業
24		達罕	dahan	滿洲語， 馬駒
25		旺溫	wang un	唐古特語， 權明顯
26		密拉岱	miladai	蒙古語， 有馬鞭
27		托里圖	tolitu	蒙古語， 有鏡
28		鄂蘭 烏克	olan uk	蒙古語， 衆多根本

順次	滿洲語	漢　字	羅馬拼音	詞　義
29		喇　嘛 齊拉袞	lama cilagūn	蒙古語， 番僧石
30		托果爾	togor	蒙古語， 桃
31		哈喇丹	haradan	蒙古語， 有黑色
32		章　律	janglioi	
33		密　且	mi ciye	唐古特語， 人火
34		圖魯岱 卜	tulubdai	蒙古語， 有形像
35		古都斯	gudus	蒙古語， 魯鈍
36		和　爾	hor	蒙古語， 箭壺
37		瑪　哩	mari	滿洲語， 一回

順次	滿洲語	漢　字	羅馬拼音	詞　義
38		和爾丹	hordan	蒙古語，有箭壺
39		庫庫布哈	kuku buha	蒙古語，青色牤牛
40		巴圖噶爾	batu gar	蒙古語，結實手
41		青徹爾	cing cer	蒙古語，誠潔淨
42		薩奇森布哈	sakisen buha	蒙古語，看守牤牛
43		阿里罕	alihan	滿洲語，衣貼襯
44		奇爾台	kirtai	蒙古語，有斑點

順次	滿洲語	漢　字	羅馬拼音	詞　義
45		巴 納	ba na	滿洲語， 地方
46		實 訥 岱	sinedai	蒙古語， 有新
47		布 爾 古	burgu	唐古特語， 化身
48		巴 達 克	badak	蒙古語， 詞
49		特 穆 爾 台	temurtai	蒙古語， 有鐵
50		翁 鄂 羅	onggolo	滿洲語， 河灣
51		哈 達 達 實	hada dasi	蒙古語， 山峯 唐古特語， 吉祥
52		伊 糅 呼 烏	isu ure	蒙古語， 九子嗣

順次	滿洲語	漢　字	羅馬拼音	詞　義
53		特古　哩圖	terigutu	蒙古語，為首人
54		穆古　爾齊	murguci	蒙古語，叩頭人
55		蘇克敦	sukdun	滿洲語，氣
56		阿古爾	agūr	蒙古語，氣
57		圖薩	tusa	蒙古語，益
58		濟密斯	jimis	蒙古語，果
59		儒古	žu gu	唐古特語，弓九
60		布格　特穆爾	būge temur	蒙古語，巫鐵

順次	滿洲語	漢　字	羅馬拼音	詞　義
61		安扎爾	anjar	蒙古語，匆忙
62		塔納	tana	蒙古語，東珠
63		繰圖	saotu	蒙古語，有坐
64		德格	dege	蒙古語，鉤
65		布都訥	budune	蒙古語，鵪鶉
66		哈喇昆	hara kun	蒙古語，黑色人
67		烏爾圖薩哈勒	urtu sahal	蒙古語，長鬚
68		奇塔特穆爾	kitat mur	蒙古語，漢人踪跡

順次	滿洲語	漢　字	羅馬拼音	詞　義
69		卓 巴 呼	jobahū	蒙古語， 勞
70		布 爾 古 特 　 齊	burgutci	蒙古語， 養鵰人
71		阿 實 克 巴 　 圖	asik batu	蒙古語， 利結實
72		塔 塔 古 爾	tatagūr	蒙古語， 抽屜
73		額 呼	ere	蒙古語， 男子
74		呼 遜 和 卓	hūsun hojo	滿洲語， 力 蒙古語， 美好
75		翁 格 台	ūnggetai	蒙古語， 有顏色

順次	滿洲語	漢　字	羅馬拼音	詞　義
76		圖埒實	tulesi	滿洲語，向外
77		瑪勒圖	maltu	蒙古語，有牲畜
78		托克托呼徹爾	toktohū cer	蒙古語，定潔淨
79		塔布伊爾爾	tabu ir	蒙古語，五刃
80		威喇	oira	蒙古語，近
81		安珠努	anjunu	
82		瑪格	mage	
83		博勒呼	bolhū	蒙古語，可

順次	滿洲語	漢　字	羅馬拼音	詞　義
84		諾海 納都木	nohai nadum	蒙古語， 戲犬
85		塔喇海 布古	tarahai bugū	蒙古語， 毛稀之鹿
86		伯爾克爾 巴圖爾	berke batur	蒙古語， 險勇
87		阿實克 烏蘇	asik usu	蒙古語， 利水
88		伊克 布哈	ike buha	蒙古語， 大牤牛
89		忠嘉	jung jiya	唐古特語， 擁護寬

順次	滿洲語	漢　字	羅馬拼音	詞　義
90		額勒赫	elhe	滿洲語，安
91		瑪均努	magiyūnnu	
92		實都古爾	sidurgū	蒙古語，忠
93		布色岱	busedai	蒙古語，有帶
94		呼必賚爾巴圖	hūbilai batur	蒙古語，變化勇
95		塔巴爾噶	tarbaga	蒙古語，獺
96		察伊蘇罕爾克	cagan ir suke	蒙古語，白色刃斧

順次	滿洲語	漢　字	羅馬拼音	詞　義
97		阿克 拉岱	alakdai	蒙古語， 有花斑
98		布拉 達濟	budalaji	蒙古語， 已食畢
99		塔奇爾	takir	蒙古語， 殘疾
100		巴爾斯	bars	蒙古語， 虎
101		和果賚	hogolai	蒙古語， 項
102		台哈 特穆爾	taiha temur	滿洲語， 長毛細狗 蒙古語， 鐵
103		雅爾 達實	yar dasi	唐古特語， 上吉祥

順次	滿洲語	漢　字	羅馬拼音	詞　義
104		額森 瑪實	esen masi	蒙古語， 平安之極
105		額伯蘇	ebesu	蒙古語， 草
106		塔本 巴爾	tabun bar	蒙古語， 五虎
107		德默實	demesi	滿洲語， 怪樣人
108		布延台	buyantai	蒙古語， 有福
109		額森 圖們	esen tumen	蒙古語， 平安萬
110		穆爾 布拉克	mur bulak	蒙古語， 踪跡銀蹄

順次	滿洲語	漢　字	羅馬拼音	詞　義
111		伊　蘇 克	isu ke	蒙古語， 九華麗
112		塔　哩 雅　齊	tariyaci	蒙古語， 田司事人
113		彭楚克 特穆爾	pungcuk temur	唐古特語， 足夠 蒙古語， 鐵
114		濟勒岱	jildai	蒙古語， 有年
115		伊　勒 噶　雅	ilgaya	蒙古語， 欲分辨
116		沁舒蘇	cin šusu	唐古特語， 大 蒙古語， 廩給
117		和　斯 特穆爾	hos temur	蒙古語， 雙鐵

順次	滿洲語	漢　字	羅馬拼音	詞　義
118		穆爾齋 茂　海	murci moohai	蒙古語， 尋踪跡人 貌醜
119		青 巴克實	cing baksi	蒙古語， 誠師
120		鄂　博	obo	蒙古語， 堆石以 為祭處
121		塔爾斯 布	tarbus	蒙古語， 西瓜
122		布爾察 克圖	burcaktu	蒙古語， 有豆
123		伊遜 達賚	isun dalai	蒙古語， 九海

順次	滿洲語	漢　字	羅馬拼音	詞　義
124		琳 沁 喇 嘛 扎 卜	rincin lama jab	唐古特語， 寶番僧 保
125		庫 庫 齊 勤	kuku cikin	蒙古語， 青色耳
126		托 克 托 徹 爾	tokto cer	蒙古語， 定潔淨
127		達 實 雅 爾	dasi yar	唐古特語， 吉祥潔淨
128		和 拉 罕	holahan	蒙古語， 略遠
129		察 克 達 納	cakdana	蒙古語， 巡察

順次	滿洲語	漢字	羅馬拼音	詞義
130		巴　爾 黙　色	bar mese	蒙古語， 虎器械
131		實　訥	sine	蒙古語， 新
132		薩　喇	sara	蒙古語， 月
133		黙爾根	mergen	蒙古語， 技勇精熟
134		和爾台 黙　色	hortai mese	蒙古語， 有箭壺 器械
135		伯　沁 濟　勒	becin jil	蒙古語， 申年
136		額　伯 爾　沁	ebercin	蒙古語， 有角
137		巴　罕	bahan	蒙古語， 少許
138		額勒敏	elmin	滿洲語， 未搭鞍馬

順次	滿洲語	漢　字	羅馬拼音	詞　義
139		穆爾 默色	mur mese	蒙古語， 踪跡器械
140		和囉 噶齊	horogaci	蒙古語， 管院人
141		阿爾噶 布哈	arga buha	蒙古語， 計牝牛
142		博囉 哈斯	boro has	蒙古語， 青色玉
143		達實爾 和	dasi h'or	唐古特語， 吉祥蒙古
144		里法罕	lifahan	滿洲語， 爛泥
145		托里斯 和	toli hos	蒙古語， 鏡雙

順次	滿洲語	漢　字	羅馬拼音	詞　義
146		納　克 和　爾	nak h'or	唐古特語， 黑色蒙古
147		巴　特　瑪 雅　　爾 藏　　布	batma yar dzangbu	唐古特語， 蓮花 上好
148		阿巴岱	abadai	蒙古語， 有圍
149		徹爾台	certain	蒙古語， 有潔淨
150		喇　特　納 達　　喇 實　　哩	ratna dara siri	梵語， 寶救渡 威
151		珠　赫	juhe	滿洲語， 冰

順次	滿洲語	漢　字	羅馬拼音	詞　義
152		瑪納齊	manaci	蒙古語， 巡邏人
153		穆齊爾	mūcir	蒙古語， 引火柴
154		巴　圖 特穆爾	batu temur	蒙古語， 結實鐵
155		布　延台 布　哈	buyantai buha	蒙古語， 有福牡牛
156		納　琳 徳　濟	narin deji	蒙古語， 細上分
157		沁　結	cin jiye	唐古特語， 大滋生
158		太平努	taipingnu	

順次	滿洲語	漢　字	羅馬拼音	詞　義
159		特克 特穆 實 爾	teksi temur	蒙古語， 齊鐵
160		察達 必爾	cabidar	蒙古語， 銀鬃馬
161		巴瑪 勒爾	bal mar	唐古特語， 威紅色
162		蘇爾 都格	sudurge	蒙古語， 馬蹄漏
163		旺 丹	wang dan	唐古特語， 權堅固
164		穆爾岱	murdai	蒙古語， 有踪跡
165		諾 和 木 斯	nom hos	蒙古語， 經雙

順次	滿洲語	漢　字	羅馬拼音	詞　義
166		特濟根	tejige	蒙古語，養
167		扎古勒沁	jagūlcin	蒙古語，通事
168		布頁赫	buyehe	滿洲語，已愛
169		準布哈	jun buha	蒙古語，東牝牛
170		奇凌徹爾	killing cer	蒙古語，倭緞潔淨
171		額埒春	elecun	滿洲語，足
172		巴哩珠阿勒坦德濟	bariju altan deji	蒙古語，執金上分

順次	滿洲語	漢　字	羅馬拼音	詞　義
173		廒爾濟 和喇德哈	horci hara deji	蒙古語， 司箭壺人 黑色上分
174		納勒 哈德	hana del	蒙古語， 壇廬墻 袍
175		喀鵰 拉爾雅	lak'a yarnai	唐古特語， 山夏居
176		伊木沁	imcin	滿洲語， 男手鼓
177		奇巴 卓雅	jokiyaba	蒙古語， 稟賦
178		拜哈喇	bai hara	蒙古語， 箭把黑色

順次	滿洲語	漢　字	羅馬拼音	詞　義
179	（滿洲文）	多　觀	dogon	滿洲語，渡口

資料來源：《欽定四庫全書》，「史部」，《欽定元史語解》，
　　卷十八。

　　表中人名，共計一七九人。巴爾濟蘇，蒙古語讀如
"bar jisu"，意即「虎顏色」，卷六十三作「八里吉思」，
卷一七五作「八爾吉思」。都哩特穆爾，蒙古語讀如"duri
temur"，意即「骨格鐵」，卷六十三作「篤來帖木兒」。
伯勒齊爾，蒙古語讀如"belcir"，意即「牧場」，卷六
十三作「八撒察里」。庫騰，蒙古語讀如"kuten"，意
即「沉重」，卷六十三作「闊端」。莽蘇爾，蒙古語讀如
"mangsur"，回人名，卷六十四作「忙速兒」，卷一六二
作「馬遜兒」。扎木齊，蒙古語讀如"jamci"，意即「管
道路人」，卷六十五作「站馬赤」。烏巴實，蒙古語讀如
"ubasi"，意即「戒名」，卷六十五作「阿八失」。鄂囉
齊，蒙古語讀如"oroci"，意即「候缺人」，卷六十五作
「奧魯赤」。雅克默色，蒙古語讀如"yak mese"，意即
「結實器械」，卷六十五作「牙亦速失」。烏努爾台，蒙
古語讀如"unurtai"，意即「有味」，卷六十五作「兀奴
觿」。和爾布哈，蒙古語讀如"hor buha"，意即「箭壺
牡牛」，卷六十五作「忽魯不花」。珠拉齊，蒙古語讀如
"julaci"，意即「執燈人」，卷六十五作「只里赤」。烏魯
斯哈雅，蒙古語讀如"ulus haya"，意即「國山牆」，卷六

十五作「兀魯失海牙」。沙卜珠，唐古特語讀如 "šabju"，意即「字鈎」，卷六十五作「山住子」，卷一三五作「善住」。雅布呼，蒙古語讀如 "yabuhū"，意即「行」，卷六十六作「牙八胡」。呼圖克約蘇，蒙古語讀如 "hūtuk yosu"，意即「福道理」，卷六十七作「忽都于思」。額森鼐爾，蒙古語讀如 "esen nair"，意即「平安和氣」，卷六十七作「也先乃」，卷一三三作「葉僊鼐」。必克楚默色，梵語「必克楚」讀如 "bikcu"，意即「比邱」，蒙古語「默色」讀如 "mese"，意即「器械」，卷七十四作「別上出迷失」。

圖們，蒙古語讀如 "tumen"，意即「萬數」，卷七十八作「徒滿」。扎哈岱，蒙古語讀如 "jahadai"，意即「有邊疆」，卷八十一作「尤忽觡」。伊普迪哈魯鼎，蒙古語讀如 "ipudi haludin"，回人名，卷八十一作「益福的哈魯丁」。都爾本，蒙古語讀如 "durben"，意即「四數」，卷八十一作「朵而別」。和克，蒙古語讀如 "hok"，意即「產業」，卷八十一作「帖哥」。達罕，滿洲語讀如 "dahan"，意即「馬駒」，卷十一作「答罕」，卷一三作「腆合」，卷一六一作「達海」。旺溫，唐古特語讀如 "wang un"，意即「權明顯」，卷八十一作「頑頑」。密拉岱，蒙古語讀如 "miladai"，意即「有馬鞭」，卷八十一作「買來的」。托里圖，蒙古語讀如 "tolitu"，意即「有鏡」，卷八十六作「脫烈都」。鄂蘭烏克，蒙古語讀如 "olan uk"，意即「眾多根本」，卷八十九作「斡羅溫」。喇嘛齊拉袞，蒙古語讀如 "lama cilagūn"，意即「番僧石」，卷九十二作「剌馬乞剌」。托累爾，蒙古語讀如

"togor"，意即「桃」，卷九十二作「脫禾兒」。哈喇丹，蒙古語讀如"haradan"，意即「有黑色」，卷九十二作「哈爾丹」，卷一三八作「哈剌答」。章律，讀如"janglioi"，卷九十三作「章閭」，無解義。密且，唐古特語讀如"miciye"，意即「人大」，卷九十四作「滅怯」。圖魯卜岱，蒙古語讀如"tulubdai"，意即「有形像」，卷九十四作「朶魯不觧」。古都斯，蒙古語讀如"gudus"，意即「魯鈍」，卷九十四作「忽都勝」，卷一三四作「忽都思」。和爾，蒙古語讀如"hor"，意即「箭壺」，卷九十四作「忽兒」，卷一五五作「火里」。瑪哩，滿洲語讀如"mari"，意即「一回」，卷九十四作「馬里」。

　　和爾丹，蒙古語讀如"hordan"，意即「有箭壺」，卷九十四作「忽魯丁」。庫庫布哈，蒙古語讀如"kukubuha"，意即「青色牝牛」，卷九十五作「闊闊不花」。巴圖噶爾，蒙古語讀如"batu gar"，意即「結實手」，卷九十五作「奔忒古兒」。青徹爾，蒙古語讀如"cing cer"，意即「誠潔淨」，卷九十五作「行丑兒」。薩奇森布哈，蒙古語讀如"sakisen buha"，意即「看守牝牛」，卷九十五作「撒吉思不花」。阿里罕，滿洲語讀如"alihan"，意即「衣貼襯」，卷九十五作「阿里侃」。奇爾台，蒙古語讀如"kirtai"，意即「有斑點」，卷九十五作「乞里歹」，卷一〇〇作「怯兒的」，卷一三五作「乞台」。巴納，滿洲語讀如"ba na"，意即「地方」，卷九十五作「伯納」。實訥岱，蒙古語讀如"sinedai"，意即「有新」，卷九十五作「笑乃帶」，卷一五五作「笑乃觧」。布爾古，唐古特語讀如"burgu"，意即「化身」，卷九十五作「孛魯

古」。巴達克，蒙古語讀如"badak"，意即「詞」，卷九十五作「八答」。特穆爾台，蒙古語讀如"temurtai"，意即「有鐵」，卷九十五作「忒木台」。翁鄂羅，滿洲語讀如"onggolo"，意即「河灣」，卷九十五作「斡闊烈」。哈達達實，蒙古語「哈達」讀如"hada"，意即「山峰」，唐古特語「達實」讀如"dasi"，意即「吉祥」，卷九十五作「合丹太息」。伊蘇烏呼，蒙古語讀如"isu ure"，意即「九子嗣」，卷九十五作「也速兀兒」。特哩古圖，蒙古語讀如"terigutu"，意即「為首人」，卷九十五作「帖柳兀禿」。穆爾古齊，蒙古語讀如"murguci"，意即「叩頭人」，卷九十五作「滅古赤」。

蘇克敦，滿洲語讀如"sukdun"，意即「氣」，卷九十五作「宿敦」。阿古爾，蒙古語讀如"agūr"，意即「氣」，卷九十五作「阿可兒」。圖薩，蒙古語讀如"tusa"，意即「益」，卷九十五作「禿薛」，卷一三〇作「土薛」。濟密斯，蒙古語讀如"jimis"，意即「果」，卷九十五作「折米思」。儒古，唐古特語讀如"žu gu"，意即「弓九」，卷九十五作「猱虎」。布格特穆爾，蒙古語讀如"būge temur"，意即「巫鐵」，卷九十五作「孛哥帖木兒」。安扎爾，蒙古語讀如"anjar"，意即「匆忙」，卷九十五作「按察兒」，卷一二二作「按扎兒」。塔納，蒙古語讀如"tana"，意即「東珠」，卷九十五作「太納」。繅圖，蒙古語讀如"saotu"，意即「有坐」，卷九十五作「撒禿」。德格，蒙古語讀如"dege"，意即「鉤」，卷九十五作「迭哥」。布都訥，蒙古語讀如"budune"，意即「鵪鶉」，卷九十五作「卜失捏」，卷一三七作「伯德那」，卷

一六三作「孛得乃」。哈喇昆，蒙古語讀如"hara kun"，意即「黑色人」，卷九十五作「哈剌口温」。烏爾圖薩哈勒，蒙古語讀如"urtu sahal"，意即「長鬚」，卷九十五作「兀圖撒罕里」。奇塔特穆爾，蒙古語讀如"kitat mur"，意即「漢人踪跡」，卷九十五作「欠帖木」。卓巴呼，蒙古語讀如"jobahū"，意即「勞」，卷九十五作「扎八忽」。布爾古特齊，蒙古語讀如"burgutci"，意即「養鵰人」，卷九十五作「不魯古赤」。阿實克巴圖，蒙古語讀如"asik batu"，意即「利結實」，卷九十五作「阿速拔都」。塔塔古爾，蒙古語讀如"tatagūr"，意即「抽屜」，卷九十五作「添都虎兒」，卷一三五作「答答呵兒」。

　　額呼，蒙古語讀如"ere"，意即「男子」，卷九十五作「阿剌」。呼遜和卓，滿洲語讀如"hūsun hojo"，意即「力美好」，卷九十五作「忽辛火者」。翁格台，蒙古語讀如"ūnggetai"，意即「有顏色」，卷九十五作「汪古台」。圖埒實，滿洲語讀如"tulesi"，意即「向外」，卷九十五作「脫力失」。瑪勒圖，蒙古語讀如"maltu"，意即「有牲畜」，卷九十六作「滅禿」。托克托呼徹爾，蒙古語讀如"toktohū cer"，意即「定潔淨」，卷九十七作「脫脫歡察兒」。塔布伊爾，蒙古語讀如"tabu ir"，意即「五刃」，卷九十八作「答不葉兒」。威喇，蒙古語讀如"oira"，意即「近」，卷九十八作「斡來」，卷一二〇作「外剌」。安珠努，讀如"anjunu"，卷九十八作「按住奴」，卷一三二作「按主奴」，無解義。瑪格，讀如"mage"，卷九十八作「馬哥」，無解義。博勒呼，蒙古語讀如"bolhū"，意即「可否之可」，卷九十九作「博爾

忽」。諾海納都木，蒙古語讀如“nohai nadum”，意即「戲犬」，卷九十九作「那海那的」。塔喇海布吉，蒙古語讀如“tarahai bugū”，意即「毛稀之鹿」，卷九十九作「塔剌海孛可」。伯爾克巴圖爾，蒙古語讀如“berke batur”，意即「險勇」，卷九十九作「不里海拔都兒」。阿實克烏蘇，蒙古語讀如“asik usu”，意即「利水」，卷九十九作「阿沙阿束」。伊克布哈，蒙古語讀如“ike buha”，意即「大牤牛」，卷九十九作「也干不花」。忠嘉，唐古特語讀如“jung jiya”，意即「擁護寬」，卷九十九作「衆嘉」。

　　額勒赫，滿洲語讀如“elhe”，意即「安」，卷九十九作「阿魯黑」。瑪均努，讀如“magiyūnnu”，卷九十九作「馬軍奴」，無解義。實都爾古，蒙古語讀如“sidurgū”，意即「忠」，卷九十九作「勝都古」。布色岱，蒙古語讀如“busedai”，意即「有帶」，卷九十九作「別速觸」，卷一三五作「伯速帶」。呼必賚巴圖爾，蒙古語讀如“hūbilai batur”，意即「變化勇」，卷九十九作「忽別列八都兒」。塔爾巴噶，蒙古語讀如“tarbaga”，意即「獺」，卷九十九作「他令不罕」。察罕伊爾蘇克，蒙古語讀如“cagan ir suke”，意即「白色刃斧」，卷九十九作「察忽亦兒思合」。阿拉克岱，蒙古語讀如“alakdai”，意即「有花斑」，卷九十九作「阿剌觸」。布達拉濟，蒙古語讀如“budalaji”，意即「已食畢」，卷九十九作「不塔剌吉」。塔奇爾，蒙古語讀如“takir”，意即「殘疾」，卷一〇〇作「台怯兒」。巴爾斯，蒙古語讀如“bars”，意即「虎」，卷一〇〇作「八思」，卷一一八作「八兒思」，卷一六八作「巴兒思」。和果賚，蒙古語讀如“hogola”，

意即「項」，卷一〇〇作「闊闊台」。台哈特穆爾，滿洲語「台哈」讀如 "taiha"，意即「長毛細狗」，蒙古語「特穆爾」讀如 "temur"，意即「鐵」，卷一〇〇作「太鐵木兒」。雅爾達實，唐古特語讀如 "yar dasi"，意即「上吉祥」，卷一〇〇作「也兒的思」，卷一三四作「亞禮達石」。額森瑪實，蒙古語讀如 "esen masi"，意即「平安之極」，卷一〇〇作「也先木薛」。額伯蘇，蒙古語讀如 "ebesu"，意即「草」，卷一〇〇作「肥不思」。塔本巴爾，蒙古語讀如 "tabun bar"，意即「五虎」，卷一〇〇作「塔八不兒」。

德默實，滿洲語讀如 "demesi"，意即「怪樣人」，卷一〇〇作「都麻失」。布延台，蒙古語讀如 "buyantai"，意即「有福」，卷一〇〇作「不顏台」。額森圖們，蒙古語讀如 "esen tumen"，意即「平安萬數」，卷一〇〇作「也先禿滿」。穆爾布拉克，蒙古語讀如 "mur bulak"，意即「踪跡銀蹄」，卷一〇〇作「明里不蘭」。伊蘇克，蒙古語讀如 "isu ke"，意即「九華麗」，卷一〇〇作「月思哥」。塔哩雅齊，蒙古語讀如 "tariyaci"，意即「田司事人」，卷一〇〇作「塔里牙赤」，卷一三五作「答里雅赤」。彭楚克特穆爾，唐古特語「彭楚克」讀如 "pungcuk"，意即「足够」，蒙古語「特穆爾」讀如 "temur"，意即「鐵」，卷一〇〇作「分出鐵木兒」。濟勒岱，蒙古語讀如 "jildai"，意即「有年」，卷一〇〇作「吉兒觸」。伊勒噶雅，蒙古語讀如 "ilgaya"，意即「欲分辨」，卷一〇〇作「咬羅海牙」。沁舒蘇，唐古特語「沁」讀如 "cin"，意即「大」，蒙古語「舒蘇」讀如

"šusu"，意即「廩給」，卷一〇〇作「欠昔思」。和斯特穆爾，蒙古語讀如 "hos temur"，意即「雙鐵」，卷一〇〇作「火石鐵木兒」，卷一二八作「忽失帖木兒」。穆爾齊茂海，蒙古語讀如 "murci moohai"，意即「尋踪跡人貌醜」，卷一〇〇作「末赤卯罕」。青巴克實，蒙古語讀如 "cing baksi"，意即「誠師」，卷一〇〇作「床八失」。鄂博，蒙古語讀如 "obo"，意即「堆石以為祭處」，卷一〇〇作「干別」。塔爾布斯，蒙古語讀如 "tarbus"，意即「西瓜」，卷一〇〇作「鐵列不作」。布爾察克圖，蒙古語讀如 "burcaktu"，意即「有豆」，卷一〇〇作「字羅串都」。伊遜達賚，蒙古語讀如 "isun dalai"，意即「九海」，卷一〇〇作「也速典列」。

琳沁喇嘛扎卜，唐古特語讀如 "rincin lama jab"，意即「寶番僧保」，卷一〇〇作「蘭盞兒末者」。庫庫齊勤，蒙古語讀如 "kuku cikin"，意即「青耳」，卷一〇〇作「闊赤斤」。托克托徹爾，蒙古語讀如 "tokto cer"，意即「定潔淨」，卷一〇〇作「塔塔塔察兒」。達實雅爾，唐古特語讀如 "dasi yar"，意即「吉祥上」，卷一〇〇作「當失燕」。和拉罕，蒙古語讀如 "holahan"，意即「略遠」，卷一〇〇作「忽里歡」。察克達納，蒙古語讀如 "cakdana"，意即「巡察」，卷一〇〇作「差大難」。巴爾默色，蒙古語讀如 "bar mese"，意即「虎器械」，卷一〇〇作「八兒麻思」，卷一二七作「別里迷失」。實訥，蒙古語讀如 "sine"，意即「新」，卷一〇〇作「守訥」，卷二〇九作「式捏」。薩喇，蒙古語讀如 "sara"，卷一〇〇作「撒兒」。默爾根，蒙古語讀如 "mergen"，意即「技勇

精熟」，卷一〇〇作「末兒哥」。和爾台默色，蒙古語讀
如 "hortai mese"，意即「有箭壺器械」，卷一〇〇作「忽
台迷失」。伯沁濟勒，蒙古語讀如 "becin jil"，意即「申
年」，卷一〇〇作「八只吉兒」。額伯爾沁，蒙古語讀如
"ebercin"，意即「有角」，卷一〇〇作「亦不剌金」，卷
二〇五作「亦必烈金」。巴罕，蒙古語讀如 "bahan"，意
即「少許」，卷一〇〇作「普安」，卷一二五作「伯杭」。
額勒敏，滿洲語讀如 "elmin"，意即「未搭鞍馬」，卷一
〇〇作「耳眉」。穆爾默色，蒙古語讀如 "mur mese"，意
即「踪跡器械」，卷一〇〇作「迷里迷失」。

　　和囉噶齊，蒙古語讀如 "horogaci"，意即「管院
人」，卷一〇〇作「忽里哈赤」。阿爾噶布哈，蒙古語讀
如 "arga buha"，意即「計牝牛」，卷一〇〇作「阿哈不
花」。博囉哈斯，蒙古語讀如 "boro has"，意即「青色
玉」，卷一〇〇作「不魯哈思」，卷二〇五作「不魯合
散」。達實和爾，唐古特語讀如 "dasi h'or"，意即「吉祥
蒙古」，卷一〇〇作「太勝忽兒」。里法罕，滿洲語讀如
"lifahan"，意即「爛泥」，卷一〇一作「立福合」。托里
和斯，蒙古語讀如 "toli hos"，意即「鏡雙」，卷一〇六
作「脫里忽思」。納克和爾，唐古特語讀如 "nak h'or"，
意即「黑色蒙古」，卷一〇七作「那哈合兒」。巴特瑪雅
爾藏布，唐古特語讀如 "batma yar dzangbu"，意即「蓮花
上好」，卷一〇八作「八的麻赤兒間」。阿巴岱，蒙古語
讀如 "abadai"，意即「有圍」，卷一〇八作「阿不歹」。
徹爾台，蒙古語讀如 "certai"，意即「有潔淨」，卷一
〇八作「察里台」。喇特納達喇實哩，梵語讀如 "ratna

dara siri"，意即「寶救渡威」，卷一○八作「阿忒納答失里」。珠赫，滿洲語讀如"juhe"，意即「冰」，卷一○八作「主忽」，卷一九七作「猪狗」，卷二○○作「尢忽」。瑪納齊，蒙古語讀如"manaci"，意即「巡邏人」，卷一○八作「木南子」。穆齊爾，蒙古語讀如"mūcir"，意即「引火柴」，卷一○八作「木失剌」，卷一六六作「木兒赤」。巴圖特穆爾，蒙古語讀如"batu temur"，意即「結實鐵」，卷一○八作「巴都帖木兒」。

　　布延台布哈，蒙古語讀如"buyantai buha"，意即「有福牝牛」，卷一○八作「卜顏帖不花」。納琳德納，蒙古語讀如"narin deji"，意即「細上分」，卷一○八作「紐林的斤」。沁結，唐古特語讀如"cin jiye"，意即「大滋生」，卷一○八作「籛吉」。太平努，讀如"taipingnu"，卷一○八作「太平奴」，無解義。特克實特穆爾，蒙古語讀如"teksi temur"，意即「齊鐵」，卷一○八作「帖失帖木兒」。察必達爾，蒙古語讀如"cabidar"，意即「銀鬃馬」，卷一○八作「察兀都兒」。巴勒瑪爾，唐古特語讀如"bal mar"，意即「威紅色」，卷一○八作「八剌麻力」。蘇都爾格，蒙古語讀如"sudurge"，意即「馬蹄漏」，卷一○八作「唆都哥」。旺丹，唐古特語讀如"wang dan"，意即「權堅固」，卷一○八作「頑答」。穆爾岱，蒙古語讀如"murdai"，意即「有踪跡」，卷一○八作「忙里歹」。諾木和斯，蒙古語讀如"nom hos"，意即「經雙」，卷一○八作「那木忽思」。特濟根，蒙古語讀如"tejigen"，意即「養」，卷一○九作「帖堅干」。扎古勒沁，蒙古語讀如"jagūlcin"，意即「通事」，卷一○九作「札忽爾陳」，卷

一一八作「札忽兒臣」。布頁赫，滿洲語讀如"buyehe"，意即「已愛」，卷一〇九作「孛要合」。準布哈，蒙古語讀如"jun buha"，意即「東牤牛」，卷一〇九作「君不花」。奇凌徹爾，蒙古語讀如"kiling cer"，意即「倭緞潔淨」，卷一〇九作「喬隣察」。額埒春，滿洲語讀如"elecun"，意即「足」，卷一〇九作「斡羅陳」。

巴哩珠阿勒坦德濟，蒙古語讀如"bariju altan deji"，意即「執金上分」，卷一〇九作「巴而述阿兒忒的斤」，卷一二四作「八兒出阿兒忒」。和爾齊哈喇德濟，蒙古語讀如"horci hara deji"，意即「司箭壺人黑色上分」，卷一〇九作「火赤哈兒的斤」。哈納德勒，蒙古語讀如"hana del"，意即「壇廬墙袍」，卷一〇九作「忽納答兒」。拉喀雅爾鼐，唐古特語讀如"lak'a yarnai"，意即「山夏居」，卷一〇九作「剌海涯里那」。伊木沁，滿洲語讀如"imcin"，意即「男手鼓」，卷一〇九作「亦木赤」，卷一一九作「銀青」。卓奇雅巴，蒙古語讀如"jokiyaba"，意即「稟賦」，卷一〇九作「尤真伯」。拜哈喇，蒙古語讀如"bai nara"，意即「箭把黑色」，卷一〇九作「別合剌」。多觀，滿洲語讀如"dogon"，意即「渡口」，卷一〇九作「朵忽」。

語解中，蒙古語與滿洲語雷同之處，對於探討滿洲語詞源，頗具意義。語解中人名鄂囉齊（oroci），意即「候缺人」，句中「缺」（oro），滿洲語讀如"oron"。人名雅布呼（yabuhū），意即「行」，滿洲語讀如"yabumbi"。人名圖們（tumen），意即「萬」，滿洲語亦讀如"tumen"。人名托里圖（tolitu），意即「有鏡」，句中「鏡」，滿洲

語讀如 "toli"，意即「神鏡」。人名哈喇丹（haradan），意即「有黑色」，句中「黑色」，滿洲語讀如 "kara"。人名哈達（hada），意即「山峰」，滿洲語亦讀如 "hada"。人名圖薩（tusa），意即「益」，滿洲語亦讀如 "tusa"，意即「利益」。人名塔納（tana），意即「東珠」，滿洲語亦讀如 "tana"。人名塔塔古爾（tatagūr），意即「抽屜」，滿洲語讀如 "tatakū"。人名塔喇海布古（tarahai bugū），句中「布古」（bugū），意即「鹿」，滿洲語讀如 "buhū"。人名塔爾巴噶（tarbaga），意即「獺」，滿洲語讀如 "tarbahi"。人名布達拉濟（budalaji），意即「已食」，句中「食」，滿洲語讀如 "budalambi"。人名察罕伊爾蘇克（cagan ir suke），意即「白色刃斧」，句中「斧」（suke），滿洲語讀如 "suhe"。人名伊勒噶雅（ilgaya），意即「欲分辨」，句中「分辨」（ilga），滿洲語讀如 "ilgambi"。人名青巴克實（cing baksi），意即「誠師」，句中「師」（baksi），滿洲語亦讀如 "baksi"，意即「儒者」。人名默爾根（mergen），意即「技勇精熟」，滿洲語亦讀如 "mergen"。人名阿巴岱（abadai），意即「有圍」，句中「圍」，係打圍，即畋獵，滿洲語亦讀如 "aba"。人名特克實特穆爾（teksi temur），意即「齊鐵」，句中「齊」（teksi），滿洲語讀如 "teksin"。人名諾木和斯（nom hos），意即「經雙」，句中「經」（nom），滿洲語讀如 "nomun"。滿洲語與蒙古語讀音相近，有助於了解其語源問題。語解人名，以「鐵」與「牝牛」為名，可以說明鐵與牝牛在元朝社會生活中確實具有其重要性。特穆爾台（temurtai），意即「有鐵」。布格特

穆爾（būge temur），意即「巫鐵」。台哈特穆爾（taiha temur），意即「長毛細狗鐵」。彭楚克特穆爾（pungcuk temur），意即「足够鐵」。和斯特穆爾（hos temur），意即「雙鐵」。巴圖特穆爾（batu temur），意即「結實鐵」。特克實特穆爾（teksi temur），意即「齊鐵」。

和爾布哈（hor buha），意即「箭壺牤牛」。庫庫布哈（kuku buha），意即「青色牤牛」。薩奇森布哈（sakisen buha），意即「看守牤牛」。伊克布哈（ike buha），意即「大牤牛」。阿爾噶布哈（arga buha），意即「計牤牛」。布哈，蒙古語讀如 "buha"，是牤牛，亦即「種公牛」。探索語解，確實具有意義。

欽定四庫全書

伊木沁　滿洲語男手鼓也卷一百九作亦木赤卷一百十九作銀青併改

卓奇雅巴　邪期偶巴
邪伊阿阿
粟賦也卷一百九作术真伯

拜哈喇　阿哈喇
阿阿
拜箭把也哈喇黑色也卷一百九作別合剌

多觀　滿洲語渡口也卷一百九作朶忽

欽定元史語解卷十八

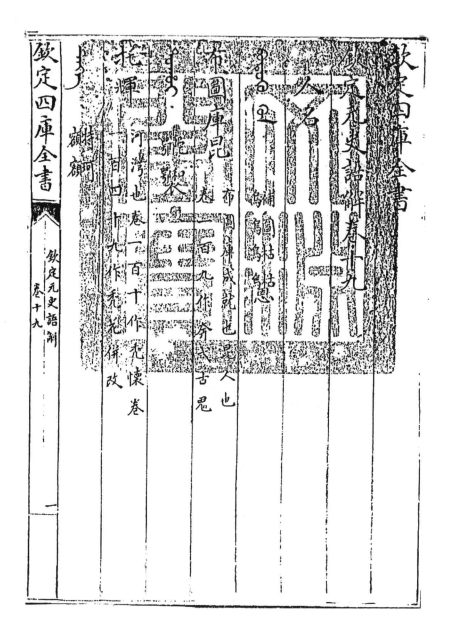

欽定四庫全書

欽定元史語解卷十九

布圖庫　布圖庫成就也，蒙古人也。卷一百九作孛禿，卷古思

托輝　河灣也，卷一百十作禿懷，卷十九作禿花併改

欽定元史語解
卷十九

一

十九、《欽定元史語解》人名（十一）

《欽定元史語解‧人名》滿漢對照表

順次	滿洲語	漢　字	羅馬拼音	詞　義
1		布圖庫昆	butuku kun	蒙古語，成就人
2		托輝	tohoi	蒙古語，河灣
3		特克	teke	蒙古語，大角羊
4		紐赫	niohe	滿洲語，狼
5		呼圖克爾徹爾	hūtuk cer	蒙古語，福潔淨
6		薩勒哈丹	sahaldan	蒙古語，有鬚

順次	滿洲語	漢　字	羅馬拼音	詞　義
7		敏珠爾 多卜丹	minjur dobdan	唐古特語，無違全力
8		珠　格	juge	
9		博果密	bogomi	蒙古語，捕野鷄活套
10		揚珠 和塔拉	yangju hotala	蒙古語，儀表普遍
11		阿固台	agūtai	蒙古語，有寬闊
12		額森 巴爾	esen bar	蒙古語，平安虎
13		徹爾	cer	蒙古語，潔淨
14		斡齊爾	wacir	蒙古語，金剛

順次	滿洲語	漢　字	羅馬拼音	詞　義
15		特哩 托歡	teri tohon	蒙古語， 整齊釜
16		圖卜岱	tubdai	蒙古語， 有正
17		額木奇塔特	em kitat	蒙古語， 藥漢人
18		實默圖	simetu	蒙古語， 有津液
19		雅克實 古士	yak guši	蒙古語， 結實 繙經人
20		實訥哈 布	sine buha	蒙古語， 新牝牛
21		蘇勒 約德	yosu del	蒙古語， 道理袍

順次	滿洲語	漢　字	羅馬拼音	詞　義
22		喇 嘛 齊 哩 克	lama cirik	蒙古語， 番僧兵
23		桑 都 瑪	sang duma	唐古特語， 好多
24		齊默克	cimek	蒙古語， 粧儼
25		明　安 特穆爾	minggan temur	蒙古語， 千鐵
26		臧嘉努	dzanggiyanu	
27		扎　爾 古　齊	jargūci	蒙古語， 斷事人
28		特古斯 特穆爾	tegus temur	蒙古語， 雙鐵

順次	滿洲語	漢　字	羅馬拼音	詞　義
29		托音色辰	toin secen	蒙古語，僧聰明
30		孟克沁	mūngkecin	蒙古語，經常人
31		圖埒實	tulesi	滿洲語，向外
32		班巴爾	banbar	唐古特語，奮勇
33		哈爾吉	hargi	滿洲語，急溜
34		鄂蘭徹爾	olan cer	蒙古語，衆多潔淨
35		塔齊爾烏爾圖	tacir urtu	蒙古語，瘠地長
36		薩哈勒	sahal	蒙古語，鬚

順次	滿洲語	漢 字	羅馬拼音	詞 義
37		桂徹訥	guicene	蒙古語，追
38		都勒斡徹伯爾	dulwa ceber	唐古特語，戒律 蒙古語，潔淨
39		達 年	daniyan	滿洲語，遮蔽處
40		黙 爾特 格	merger	蒙古語，衆賢
41		巴 圖魯堪 尼	baturu nikan	滿洲語，勇漢人
42		納木台	namtai	蒙古語，同類者
43		蘇達蘇	sudasu	蒙古語，脈
44		徹 伯 爾 圖	cebertu	蒙古語，有潔淨

順次	滿洲語	漢　字	羅馬拼音	詞　義
45		呼嚕 古台	hūrugūtai	蒙古語， 有手指
46		呼敦 黙爾根	hūdun mergen	滿洲語， 快技勇 精熟
47		都勒噶	dulga	滿洲語， 凡事不滿
48		巴延 岱爾	bayan dair	蒙古語， 富牡鹿
49		和尼 呼圖克	honi hūtuk	蒙古語， 羊福
50		哈喇 巴圖	hara batu	蒙古語， 黑色結實

順次	滿洲語	漢　字	羅馬拼音	詞　義
51		噶海 托歡	gahai tohon	蒙古語， 猪釜
52		多羅干	dologan	蒙古語， 七
53		蘇爾 呼圖克	sur hūtuk	蒙古語， 威福
54		塔舒爾 布哈	tašur buha	蒙古語， 鞭牤牛
55		托布 多哈	todo buha	蒙古語， 明牤牛
56		策	ts'e	唐古特語， 壽
57		德埒哩	deleri	滿洲語， 浮上

順次	滿洲語	漢　字	羅馬拼音	詞　義
58		阿齊圖諾延	acitu noyan	蒙古語，有恩官長
59		伯　克	bek	蒙古語，回官名
60		金嘉努	gingiyanu	
61		托羅該	tologai	蒙古語，頭
62		珠魯卜齊岱	julubcidai	蒙古語，有車鉤心
63		額根布岱	ebugendai	蒙古語，有老人
64		察察岱爾	cacardai	蒙古語，有凉棚
65		展楚琿	jancuhūn	滿洲語，甜

順次	滿洲語	漢　字	羅馬拼音	詞　義
66		摩哩	mori	蒙古語，馬
67		哈喇扎拉	hara jala	蒙古語，黑色帽纓
68		哈納	hana	蒙古語，氈廬牆
69		伊克呼喇圖	ike hūratu	蒙古語，有大雨
70		伊埒	ile	蒙古語，明顯
71		巴圖罕爾	baturhan	蒙古語，略勇
72		珠扎干	jujagan	蒙古語，厚
73		伊埒台	iletai	蒙古語，有明顯

順次	滿洲語	漢　字	羅馬拼音	詞　義
74		賽珠　音卜	sain jub	蒙古語， 好是
75		托特　里穆爾	toli temur	蒙古語， 鏡鐵
76		納沙哈　顏喇喇喇	nayan šara hara	蒙古語， 八十 僧俗
77		哈喇罕	harahan	蒙古語， 微黑
78		阿古托古　勒斯克塔哩	algūs toktaguri	蒙古語， 步定

順次	滿洲語	漢　字	羅馬拼音	詞　義
79		實　古	sigū	蒙古語，審問
80		巴　延 實　保	bayan sibao	蒙古語，富禽鳥
81		珠　兩 布　哈	jur buha	蒙古語，麀牡牛
82		崆果囉	konggoro	滿洲語，黃馬
83		阿濟蘇	ajisu	蒙古語，妙藥
84		實桂圖	sigoitu	蒙古語，有樹林
85		阿　嚕 呼圖克	aru hūtuk	蒙古語，山陰福

順次	滿洲語	漢　字	羅馬拼音	詞　義
86		崆果　根幹	kungen gowa	蒙古語，輕美好
87		布格　斯爾	bus ger	蒙古語，帳房
88		烏里布	ulibu	滿洲語，令其串
89		仲嘉努	junggiyanu	
90		富森	fusen	滿洲語，滋生
91		語濟　里達	gaoli jida	蒙古語，銅槍
92		蘇克　嚕圖	suruktu	蒙古語，有馬群
93		希禪	hican	滿洲語，淡泊

順次	滿洲語	漢　字	羅馬拼音	詞　義
94		鼎 珠	dingju	
95		烏 爾 古 納	urgūna	蒙古語， 滋生
96		賽 罕	saihan	蒙古語， 美好
97		鼐 爾 台	nairtai	蒙古語， 和氣
98		蘇 肯 徹 爾	sukencer	蒙古語， 小斧
99		拜 納	baina	蒙古語， 有
100		阿 爾 齊 蘇	ar cisu	蒙古語， 花紋血
101		楊 珠 濟 達	yangju jida	蒙古語， 儀表槍
102		和 拉	hola	蒙古語， 遠

順次	滿洲語	漢　字	羅馬拼音	詞　義
103		呼圖克華	hūtuk hūwa	蒙古語，福淡黃色
104		薩滿	saman	滿洲語，巫
105		碩迪	šodi	梵語，清淨
106		巴徹延爾	bayan cer	蒙古語，富潔淨
107		鼎通	dingtung	
108		巴圖和坦	batu hotan	蒙古語，結實城
109		多爾托台	dotortai	蒙古語，有內

順次	滿洲語	漢　字	羅馬拼音	詞　義
110		達　實 托　音	dasi toin	唐古特語， 吉祥 蒙古語，僧
111		琉　珠　瑪	liojuma	
112		諾　海 阿爾斯蘭	nohai arslan	蒙古語， 犬獅
113		哈　坦 多　羅　干	hatan dologan	蒙古語， 性暴七
114		瑪　古 哈　喇	magū hara	蒙古語， 不善黑色
115		必　里　克　台	biliktai	蒙古語， 有度量
116		伊　德	ide	蒙古語， 食

順次	滿洲語	漢　字	羅馬拼音	詞　義
117		吹 辰 類	coi cenlei	唐古特語，經 蒙古語，事
118		恩 楚	encu	滿洲語，異
119		伊 埒 薩 哈 勒	ile sahal	蒙古語，明顯鬚
120		吹 且 佐	co ciye dzo	唐古特語，經大尊
121		阿 卜 呼	abhū	蒙古語，取
122		喇 勒 智 喇 斡	raljy rawa	唐古特語，智慧劍 徒弟
123		徹 伯 爾 和 卓	ceber hojo	蒙古語，潔淨 回語，美

順次	滿洲語	漢　字	羅馬拼音	詞　義
124		楊阿	yangga	滿洲語，油松亮子
125		卓沁台	jocintai	蒙古語，有客
126		琳沁丹巴	rincin badan	唐古特語，寶幢旛
127		莽果果	mang g'o	唐古特語，多門
128		星根	singgen	蒙古語，軟
129		嘉堅克布	jiyak jiyambu	唐古特語，鐵柔軟
130		茂巴必噶濟	moo baga biji	蒙古語，不善 小婦人

順次	滿洲語	漢　字	羅馬拼音	詞　義
131		濟巴 音薩	inji saba	蒙古語，勝人器皿
132		和音 斯爾德爾	hos yender	蒙古語，雙臺階
133		都巴 沁爾圖	ducin batur	蒙古語，四十勇
134		伊噶 勒台	ilgatai	蒙古語，有辨別
135		烏孟 蘭古	ulan munggu	蒙古語，紅色銀
136		達爾 楚克台	darcuktai	蒙古語，有瑪尼杆
137		都 沁	ducin	蒙古語，四十

順次	滿洲語	漢　字	羅馬拼音	詞　義
138		多　喇	doora	蒙古語，下
139		扎　哈	jaha	蒙古語，疆界
140		阿爾班	arban	蒙古語，十
141		哈　達 庫庫楚	hada kukucu	蒙古語，山峰 藍靛
142		訥呼台	neretai	蒙古語，有名
143		珠　爾 噶　台	jurgatai	蒙古語，六
144		呼齊呼	hūcihū	蒙古語，蓋
145		博果斯	bogos	蒙古語，獸胎
146		實訥台	sinetai	蒙古語，有新

順次	滿洲語	漢　字	羅馬拼音	詞　義
147		慶善努	kingšannu	
148		瑪古 岱爾	magū dair	蒙古語， 不善牡鹿
149		托羅該 徹爾	tologai cer	蒙古語， 頭潔淨
150		圖嚕 噶克察	turu gakca	蒙古語， 頭目單
151		珠卜 納延	jub nayan	蒙古語， 是八十
152		轄哩 斯哩	hiyari	滿洲語， 眼斜
153		和摩 斯哩	hos mori	蒙古語， 雙馬

順次	滿洲語	漢 字	羅馬拼音	詞 義
154		庫爾汗	kur han	蒙古語，熱鬧君長
155		密濟特薩勒	mijit sal	唐古特語，不壞明白
156		呼圖克薩哈勒	hūtuk sahal	蒙古語，福鬚
157		實達爾烏克	sidar uk	蒙古語，親隨根本
158		蘇爾噶勒	surgal	蒙古語，教之
159		諾綽巴	nocoba	蒙古語，火著過
160		穆爾齊	murci	蒙古語，尋踪跡人

資料來源：《欽定四庫全史》，「史部」，《欽定元史語解》，
卷十九。

　　表中人名，共計一六〇人，布圖庫昆，蒙古語讀如
"butuku kun"，意即「成就人」，卷一〇九作「奔忒古
鬼」。托輝，蒙古語讀如"tohoi"，意即「河灣」，卷
一一〇作「禿懷」，卷一四九作「禿花」。特克，蒙古語
讀如"teke"，意即「大角羊」，卷一一〇作「帖可」。
紐赫，滿洲語讀如"niohe"，意即「狼」，卷一一二作
「粘合」。呼圖克徹爾，蒙古語讀如"hūtuk cer"，意即
「福潔淨」，卷一一二作「忽都察兒」。薩哈勒丹，蒙古
語讀如"sahaldan"，意即「有鬚」，卷一一二作「賽合
丁」。敏珠爾多卜丹，唐古特語讀如"minjur dobdan"，
意即「無違全力」，卷一一二作「麥朮督丁」。珠格，讀
如"juge"，卷一一二作「柱哥」，卷一四九作「朱哥」，
無解義。博果密，蒙古語讀如"bogomi"，意即「捕野雞
活套」，卷一一二作「不忽木」。揚珠和塔拉，蒙古語讀
如"yangju hotala"，意即「儀表普遍」，卷一一二作「燕
真忽都魯」。阿固台，蒙古語讀如"agūtai"，意即「有
寬闊」，卷一一二作「阿忽台」。額森巴爾，蒙古語讀如
"esen bar"，意即「平安虎」，卷一一二作「也先伯」。
徹爾，蒙古語讀如"cer"，意即「潔淨」，卷一一二作
「徹里」，卷一二一作「徹理」。斡齊爾，蒙古語讀如
"wacir"，意即「金剛」，卷一一二作「斡只」。特哩托
歡，蒙古語讀如"teri tohon"，意即「整齊釜」，卷一一
二作「帖里脫歡」。圖卜岱，蒙古語讀如"tubdai"，意即
「有正」，卷一一三作「脫別歹」。實默圖，蒙古語讀如
"simetu"，意即「有津液」，卷一一三作「撒馬篤」。雅
克古實，蒙古語讀如"yak guši"，意即「結實繙經人」，

卷一一三作「燕古思」。實訥布哈，蒙古語讀如"sine buha"，意即「新牝牛」，卷一一三作「失你不花」。約蘇德勒，蒙古語讀如"yosu del"，意即「道理袍」，卷一一三作「玉也速迭兒」。

　　喇嘛齊哩克，蒙古語讀如"lama cirik"，意即「番僧兵」，卷一一三作「剌馬乞剌」。桑都瑪，唐古特語讀如"sang duma"，意即「好多」，卷一一三作「上都馬」。齊默克，蒙古語讀如"cimek"，意即「粧儼」。明安特穆爾，蒙古語讀如"minggan temur"，意即「千鐵」，卷一一三作「明安帖木兒」。臧嘉努，讀如"dzanggiyanu"，卷一一三作「臧家奴」，無解義。扎爾古齊，蒙古語讀如"jargūci"，意即「斷事人」，卷一一三作「扎魯火赤」。特古斯特穆爾，蒙古語讀如"tegus temur"，意即「雙鐵」，卷一一三作「鐵古思帖木兒」。托音色辰，蒙古語讀如"toin secen"，意即「僧聰明」，卷一一四作「特薛禪」。孟克沁，蒙古語讀如"mūnkecin"，意即「經常人」，卷一一四作「忙哥陳」。圖埒實，滿洲語讀如"tulesi"，意即「向外」，卷一一四作「脫里思」。班巴爾，唐古特語讀如"banbar"，意即「奮勇」，卷一一四作「迸不剌」，卷一九三作「伯八兒」。哈爾吉，滿洲語讀如"hargi"，意即「急溜」，卷一一四作「哈兒只」。鄂蘭徹爾，蒙古語讀如"olan cer"，意即「眾多潔淨」，卷一一四作「斡留察兒」。塔齊爾烏爾圖，蒙古語讀如"tacir urtu"，意即「瘠地長」，卷一一五作「塔察吾圖」。薩哈勒，蒙古語讀如"sahal"，意即「鬚」，卷一一五作「撒合里」。桂徹訥，蒙古語讀如"guicene"，意即「追」，卷

一一五作「夔曲涅」。都勒斡徹伯爾，唐古特語「都勒斡」讀如 "dulwa"，意即「戒律」，蒙古語「徹伯爾」讀如 "ceber"，意即「潔淨」，卷一一五作「都阿察八兒」。

　達年，滿洲語讀如 "daniyan"，意即「遮避處」，卷一一五作「朶年」。默爾格特，蒙古語讀如 "merget"，意即「衆賢」，卷一一七作「滅里吉台」。巴圖魯尼堪，滿洲語讀如 "baturu nikan"，意即「勇漢人」，卷一一七作「拔都兒粘闟」。納木台，蒙古語讀如 "namtai"，意即「同類」，卷一一七作「那台」。蘇達蘇，蒙古語讀如 "sudasu"，意即「脈」，卷一一七作「遜篤思」。徹伯爾圖，蒙古語讀如 "cebertu"，意即「有潔淨」，卷一一七作「怯必禿」。呼嚕古台，蒙古語讀如 "hūrugūtai"，意即「有手指」，卷一一七作「忽兒霍台」，卷一三三作「火魯忽台」。呼敦默爾根，滿洲語讀如 "hūdun mergen"，意即「快技勇精熟」，卷一一七作「忽都滅兒堅」。都勒噶，滿洲語讀如 "dulga"，意即「凡物不滿」，卷一一七作「都剌哈」。巴延岱爾，蒙古語讀如 "bayan dair"，意即「富牡鹿」，卷一一七作「伯顏達兒」。和尼呼圖克，蒙古語讀如 "honi hūtuk"，意即「羊福」，卷一一七作「火你忽都」。哈喇巴圖，蒙古語讀如 "hara batu"，意即「黑色結實」，卷一一七作「哈喇八禿」，卷一一八作「哈兒八台」，卷一一九作「哈剌拔都」。噶海托歡，蒙古語讀如 "gahai tohon"，意即「猪釜」，卷一一八作「哈海脫歡」。多羅干，蒙古語讀如 "dologan"，意即「七」，卷一一八作「禿魯干」。蘇爾呼圖克，蒙古語讀如 "sur hūtuk"，意即「威福」，卷一一八作「咬兒火都」，又作

「咬魯火都」。塔舒爾布哈，蒙古語讀如“tašur buha”，意即「鞭牡牛」，卷一一八作「添壽不花」。托多布哈，蒙古語讀如“todo buha”，意即「明牡牛」，卷一一八作「大都不花」。策，唐古特語讀如“ts'e”，意即「壽」，卷一一八作「冊」。德埒哩，滿洲語讀如“deleri”，意即「浮上」，卷一一八作「都羅兒」。阿齊圖諾延，蒙古語讀如“acitu noyan”，意即「有恩官長」，卷一一八作「按答兒禿」。伯克，蒙古語讀如“bek”，回官名，卷一一八作「必哥」，卷一三五作「孛可」。

金嘉努，讀如“gingiyanu”，卷一一八作「金家奴」，無解義。托羅該，蒙古語讀如“tologai”，意即「頭」，卷一一八作「脫羅禾」。珠魯卜齊岱，蒙古語讀如“julubcidai”，意即「有車鉤心」，卷一一八作「尤兒徹丹」。額布根岱，蒙古語讀如“ebugendai”，意即「有老人」，卷一一八作「也不堅歹」。察察爾岱，蒙古語讀如“cacardai”，意即「有涼棚」，卷一一八作「札赤剌歹」。展楚琿，滿洲語讀如“jancuhūn”，意即「甜」，卷一一八作「札尤哈」。摩哩，蒙古語讀如“mori”，意即「馬」，卷一一八作「摩里」，卷一三二作「麥里」。哈喇扎拉，蒙古語讀如“hara jala”，意即「黑色帽纓」，卷一一八作「哈剌里扎剌」。哈納，蒙古語讀如“hana”，意即「氊廬牆」，卷一一八作「哈泥」，卷一二〇作「寒奴」，卷一二五作「哈乃」。伊克呼喇圖，蒙古語讀如“ike hūratu”，意即「有大雨」，卷一一八作「也可忽林圖」。伊埒，蒙古語讀如“ile”，意即「明顯」，卷一一八作「月列」，卷一二一作「也里」。巴圖爾罕，蒙古語讀如

"baturhan"，意即「略勇」，卷一一八作「伯禿兒哈」。珠扎干，蒙古語讀如"jujargan"，意即「厚」，卷一一八作「拙赤碣」。伊埒台，蒙古語讀如"iletai"，意即「有明顯」，卷一一八作「月列台」。賽音珠卜，蒙古語讀如"sain jub"，意即「好是」，卷一一八作「賽因主卜」。

托里特穆爾，蒙古語讀如"toli temur"，意即「鏡鐵」，卷一一八作「脫黑帖木兒」。納顏沙喇哈喇，蒙古語讀如"nayan šara hara"，意即「八十僧俗」，卷一一八作「乃顏聲喇哈兒」。哈喇罕，蒙古語讀如"harahan"，意即「微黑色」，卷一一八作「哈剌罕」，又作「哈答罕」。阿勒古斯托克塔古哩，蒙古語讀如"algūs toktagūri"，意即「步定」，卷一一八作「阿剌兀思剔吉忽里」。實古，蒙古語讀如"sigū"，意即「審問」，卷一一八作「十國」。巴延實保，蒙古語讀如"bayan sibao"，意即「富禽鳥」，卷一一八作「不顏昔班」。珠爾布哈，蒙古語讀如"jur buha"，意即「麂牡牛」，卷一一八作「拙里不花」。崆果囉，滿洲語讀如"konggoro"，意即「黃馬」，卷一一八作「孔古烈」。阿濟蘇，蒙古語讀如"ajisu"，意即「妙藥」，卷一一八作「阿　昔思」。實桂圖，蒙古語讀如"sigoitu"，意即「有樹林」，卷一一八作「失忽都」。阿嚕呼圖克，蒙古語讀如"aru hūtuk"，意即「山陰福」，卷一一八作「阿魯忽都」。崆根果斡，蒙古語讀如"kunggen gowa"，意即「輕美好」，卷一一九作「孔温窟哇」。布斯格爾，蒙古語讀如"bus ger"，意即「帳房」，卷一一九作「蒲速窩兒」。烏里布，滿洲語讀如"ulibu"，意即「令其串」，卷一一九作「兀里卜」。仲嘉努，讀如

"junggiyanu"，卷一一九作「衆家奴」，無解義。富森，滿洲語讀如"fusen"，意即「滋生」，卷一一九作「蒲鮮」。

　　誥里濟達，蒙古語讀如"gaoli jida"，意即「銅槍」，卷一一九作「谷里夾打」。蘇嚕克圖，蒙古語讀如"suruktu"，意即「有馬群」，卷一一九作「梭魯忽禿」，卷一二一作「瑣魯火都」，卷一二七作「述律哥圖」。希禪，滿洲語讀如"hican"，意即「淡泊」，卷一一九作「軒成」。鼎珠，讀如"dingju"，卷一一九作「定住」，無解義。烏爾古納，蒙古語讀如"urgūna"，意即「滋生」，卷一一九作「兀胡乃」，卷一六六作「兀忽納」。賽罕，蒙古語讀如"saihan"，意即「美好」，卷一一九作「撒寒」。鼐爾台，蒙古語讀如"nairtai"，意即「和氣」，卷一一九作「乃台」，卷一二三作「納觯」。蘇肯徹爾，蒙古語讀如"sukencer"，意即「小斧」，卷一一九作「速渾察」。拜納，蒙古語讀如"baina"，意即「有」，卷一一九作「伯亦難」。阿爾齊蘇，蒙古語讀如"ar cisu"，意即「花紋血」，卷一一九作「阿里乞失」。揚珠濟連，蒙古語讀如"yangju jida"，意即「儀表槍」，卷一一九作「因只吉台」。和拉，蒙古語讀如"hola"，意即「遠」，卷一一九作「火燎」。呼圖克華，蒙古語讀如"hūtuk hūwa"，意即「福淡黃色」，卷一一九作「忽都華」，卷一五〇作「忽篤華」。薩滿，滿洲語讀如"saman"，意即「巫」，卷一一九作「撒蠻」。碩迪，梵語讀如"šodi"，意即「清淨」，卷一一九作「碩德」。巴延徹爾，蒙古語讀如"bayan cer"，意即「富潔淨」，卷一一九作「伯顏察兒」。鼎

通，讀如"dingtung"，卷一一九作「定童」，無解義。

巴圖和坦，蒙古語讀如"batu hotan"，意即「結實城」，卷一一九作「霸都虎台」。多托爾台，蒙古語讀如"dotortai"，意即「有內」，卷一一九作「塔塔兒台」。達實托音，唐古特語「達實」讀如"dasi"，意即「吉祥」，蒙古語「托音」讀如"toin"，意即「僧」，卷一一九作「塔實脫因」。琉珠瑪，讀如"liojuma"，卷一一九作「留住馬」，無解義。諾海阿爾斯蘭，蒙古語讀如"nohai arslan"，意即「犬獅」，卷一一九作「納忽阿兒蘭」。哈坦多羅干，蒙古語讀如"hatan dologan"，意即「性暴七」，卷一一九作「哈丹禿魯干」。瑪克哈喇，蒙古語讀如"magū hara"，意即「不善黑色」，卷一一九作「馬兀合剌」。必里克台，蒙古語讀如"biliktai"，意即「有度量」，卷一一九作「別里虎」。伊德，蒙古語讀如"ide"，意即「食」，卷一二〇作「益德」，卷一四九作「耶的」。吹辰類，唐古特語讀如"coi cenlei"，意即「經事」，卷一二〇作「曲也怯律」。恩楚，滿洲語讀如"encu"，意即「異」，卷一二〇作「阿綽」。伊埒薩哈勒，蒙古語讀如"ile sahal"，意即「明顯鬚」，卷一二〇作「亦力撒合」。吹且佐，唐古特語讀如"coi ciye dzo"，意即「經大尊」，卷一二〇作「曲也怯祖」。阿卜呼，蒙古語讀如"abhū"，意即「取」，卷一二〇作「阿波古」。喇勒智喇幹，唐古特語讀如"raljy rawa"，意即「智慧劍徒弟」，卷一二〇作「立智理威」。

徹伯爾和卓，蒙古語「徹伯爾」讀如"ceber"，意即「潔淨」，回語「和卓」讀如"hojo"，意即「美稱」，卷

一二〇作「札八兒火者」。楊阿，滿洲語讀如“yangga”，意即「油松亮子」，卷一二〇作「養安」。卓沁台，蒙古語讀如“jocintai”，意即「有客」，卷一二〇作「尤赤台」，卷一二一作「尤徹台」。琳沁巴丹，唐古特語讀如“rincin badan”，意即「寶幢旛」，卷一二〇作「刺真八都」。莽果，唐古特語讀如“mang g'o”，意即「多門」，卷一二〇作「忙兀」。星根，蒙古語讀如“singgen”，意即「軟」，卷一二〇作「鮮昆」，卷一九三作「先髡」。嘉克堅布，唐古特語讀如“jiyak jiyambu”，意即「鐵柔軟」，卷一二〇作「札哈堅普」。茂巴噶必濟，蒙古語讀如“moo baga biji”，意即「不善小婦人」，卷一二〇作「木八哈別吉」。音濟薩巴，蒙古語讀如“inji saba”，意即「媵人器皿」，卷一二〇作「引者思百」。和斯音德爾，蒙古語讀如“hos yender”，意即「雙臺階」，卷一二〇作「忽因答兒」。都沁巴圖爾，蒙古語讀如“ducin batur”，意即「四十勇」，卷一二〇作「端真拔都兒」。伊勒噶台，蒙古語讀如“ilgatai”，意即「有辨別」，卷一二〇作「亦剌哈台」。烏蘭孟古，蒙古語讀如“ulan munggu”，意即「紅色銀」，卷一二〇作「兀魯忙兀」。達爾楚克台，蒙古語讀如“darcuktai”，意即「有瑪尼杆」，卷一二〇作「太丑台」。都沁，蒙古語讀如“ducin”，意即「四十」，卷一二〇作「端真」。多喇，蒙古語讀如“doora”，意即「下」，卷一二〇作「朵來」。扎哈，蒙古語讀如“jaha”，意即「疆界」，卷一二〇作「鎮海」。阿爾班，蒙古語讀如“arban”，意即「十」，卷一二〇作「兀里半」。

哈達庫庫楚，蒙古語讀如"hada kukucu"，意即「山峰藍靛」，卷一二〇作「哈台闊闊出」。訥呼台，蒙古語讀如"neretai"，意即「有名」，卷一二〇作「納兒台」。珠爾噶台，蒙古語讀如"jurgatai"，意即「有六」，卷一二〇作「只兒火台」。呼齊呼，蒙古語讀如"hūcihū"，意即「蓋」，卷一二〇作「忽察虎」。博果斯，蒙古語讀如"bogos"，意即「獸胎」，卷一二〇作「勃古思」。實訥台，蒙古語讀如"sinetai"，意即「有新」，卷一二〇作「肖乃台」。慶善努，讀如"kingšannu"，卷一二〇作「慶山奴」，無解義。瑪古岱爾，蒙古語讀如"magū dair"，意即「不善牡鹿」，卷一二〇作「抹兀答兒」。托羅該徹爾，蒙古語讀如"tologai cer"，意即「頭潔淨」，卷一二〇作「脫落合察兒」。圖嚕噶克察，蒙古語讀如"turu gakca"，意即「頭目單」，卷一二〇作「圖魯華察」。珠卜納延，蒙古語讀如"jub nayan"，意即「是八十」，卷一二〇作「折不那演」。轄哩，滿洲語讀如"hiyari"，意即「眼斜」，卷一二〇作「雪禮」。和斯摩哩，蒙古語讀如"hos mori"，意即「雙馬」，卷一二〇作「曷思麥里」。庫爾汗，蒙古語讀如"kur han"，意即「熱鬧君長」，卷一二〇作「闊兒罕」。密濟特薩勒，唐古特語讀如"mijit sal"，意即「不壞明白」，卷一二〇作「密只思臘」。呼圖克薩哈勒，蒙古語讀如"hūtuk sahal"，意即「福鬚」，卷一二〇作「霍脫思罕」。實達爾烏克，蒙古語讀如"sidar uk"，意即「親隨根本」，卷一二〇作「失的兒威」。蘇爾噶勒，蒙古語讀如"surgal"，意即「教之」，卷一二〇作「鎖刺海」。諾綽巴，蒙古語讀如"nocoba"，意即「火著過」，

卷一二〇作「捏只必」。穆爾齊，蒙古語讀如 "murci"，
意即「尋踪跡人」，卷一二〇作「密里吉」，卷一三二作
「沒赤」，卷二〇五作「木兒火赤」。

　　表中人名，對探討命名習俗，提供頗多珍貴資料。其
中以數目為名，是常見的現象，「珠爾噶」（jurga），意
即「六」。「多羅干」（dologan），意即「七」。「阿爾
班」（arban），意即「十」。「都沁」（ducin），意即
「四十」。「納顏」（nayan），意即「八十」。「明安」
（minggan），意即「千」。

　　以鳥獸為名，是草原社會常見的現象。「實保」
（sibao），意即「禽鳥」。「特克」（teke），意即
「大角羊」。「和尼」（honi），意即「羊」。「岱
爾」（dair），意即「牡鹿」。「噶海」（gahai），意
即「猪」。「諾海」（nohai），意即「犬」。「紐赫」
（niohe），意即「狼」。「珠爾」（jur），意即「麅」。
「阿爾斯蘭」（arslan），意即「獅」。「巴爾」（bar），
意即「虎」。「摩哩」（mori），意即「馬」。「崆果囉」
（konggoro），意即「黃馬」。「布哈」（buha），意即
「牤牛」，就是「種公牛」。「實訥布哈」（sine buha），
意即「新牤牛」。「塔舒爾布哈」（tašur buha），意即「鞭
牤牛」。「托多布哈」（todo buha），意即「明牤牛」。
「珠爾布哈」（jur buha），意即「麅牤牛」。

　　「特穆爾」（temur），意即「鐵」。以「鐵」為名，
有其重要意義。「明安特穆爾」（minggan temur），意即
「千鐵」。「特古斯特穆爾」（tegus temur），意即「雙
鐵」。「托里特穆爾」（toli temur），意即「鏡鐵」。

　　以僧俗信仰為名，也是普遍的現象。「沙喇哈喇」（šara hara），意即「僧俗」。「托音」（toin），意即「僧」。「都勒斡」（dulwa），意即「戒律」。「斡齊爾」（wacir），意即「金剛」。「吹」（coi），意即「經」。「古實」（guši），意即「繙經人」。「薩滿」（saman），意即「巫」。民間祈求吉祥福祐，是不可忽視的問題。

欽定四庫全書

欽定元史語解卷二十

人名

鄂哷烏　鄂哷烏補

諾爾布　唐古特語寶也卷一百二十一作撻里必卷一百五十一作奴婢併改

烏嚕烏圖　補烏嚕烏圖

布古圖　布古鹿也圖有也卷一百二十一作字忽都

伊勒伋

二十、《欽定元史語解》人名（十二）

《欽定元史語解・人名》滿漢對照表

順次	滿洲語	漢　字	羅馬拼音	詞　義
1		諾爾布	norbu	唐古特語，寶
2		布古圖	bugūtu	蒙古語，有鹿
3		伊勒吉	ilgi	蒙古語，去毛皮
4		穆　爾 奇扎爾	mur kijar	蒙古語，踪跡邊疆
5		額勒本	elben	滿洲語，茅草
6		錫里庫	siliku	蒙古語，選拔
7		巴哈台	bahatai	蒙古語，嗜好

順次	滿洲語	漢　字	羅馬拼音	詞　義
8		伊圖卜新	ile tubsin	蒙古語，明顯平
9		特德古勒爾	tegulder	蒙古語，全
10		阿爾穆圖	amurtu	蒙古語，有安
11		達袞	dagūn	蒙古語，聲音
12		興格	hingge	滿洲語，魚群
13		穆濟	muji	滿洲語，大麥
14		康托莽嘉	k'ang to mang jiya	唐古特語，房屋高衆寬

順次	滿洲語	漢　字	羅馬拼音	詞　義
15		珠　嚕	juru	滿洲語，雙
16		赫色勒	hesel	回語，紅色
17		科　爾戩	k'or jiyan	唐古特語，有法輪
18		巴爾嘉	bargiya	滿洲語，收
19		鄂　約達　勒	oyodal	蒙古語，天河
20		琳　沁巴圖爾	rincin batur	唐古特語，寶　蒙古語，勇
21		烏　頁	uye	蒙古語，世
22		岱酬	daiceo	蒙古語，調兵人
23		色　辰	secen	蒙古語，聰明

順次	滿洲語	漢　字	羅馬拼音	詞　義
24		濟濟 勒沙	jil jiša	蒙古語， 年班
25		魯 斯	lus	蒙古語， 龍
26		烏 納	una	滿洲語， 托盤果
27		察哈 木克	camhak	蒙古語， 牌樓
28		和 掄	horon	滿洲語， 威
29		伊 嚕 諾 延	iru noyan	蒙古語， 尋常官長
30		昆 都	kundu	蒙古語， 重
31		尼 瑪 僧 格	nima sengge	唐古特語， 日獅

順次	滿洲語	漢　字	羅馬拼音	詞　義
32		伊實嘉勒斡僧格	isi jiyalwa sengge	唐古特語，智慧勝獅
33		察蘇	casu	蒙古語，雪
34		逹魯	dalu	蒙古語，琵琶骨
35		呼圖克魯沁	hūtuk lu cin	蒙古語，福 唐古特語，龍大
36		布克	būke	蒙古語，善撲人
37		伊嚕勒德濟	irul deji	蒙古語，福分 上分

順次	滿洲語	漢　字	羅馬拼音	詞　義
38		格呼勒 德　濟	gerel deji	蒙古語， 光上分
39		滿濟勒 噶　圖	manjlgatu	蒙古語， 有瓔珞
40		色　實	sesi	滿洲語， 豆麵剪子股
41		哲　伯 納　延	jebe nayan	蒙古語， 梅針箭 八十
42		諤古埒 濟德濟	ūguleji deji	蒙古語， 已說上分
43		滿 瑪　爾 德　濟	man mar deji	唐古特語， 油藥 蒙古語， 上分

順次	滿洲語	漢　字	羅馬拼音	詞　義
44		布斯必	busbi	梵語， 花
45		伊埒克 伊色濟 默必	ile ike mese biji	蒙古語， 明顯 大 器械 婦人
46		齊奇	ciki	蒙古語， 耳
47		特默 塔拉	teme tala	蒙古語， 駝曠野
48		伊嚕 伊納克	iru inak	蒙古語， 尋常 親和
49		莽哈	mangha	蒙古語， 阜

順次	滿洲語	漢　字	羅馬拼音	詞　義
50		楚齊格爾	cuciger	蒙古語，直立
51		烏木罕	umhan	滿洲語，髓
52		布格齊	būgeci	蒙古語，祈福人
53		甘布	g'ambu	唐古特語，老叟
54		桑科爾	sang k'or	唐古特語，好輪
55		綽爾濟都勒幹	corji dulwa	唐古特語，法師戒律
56		薩奇森布哈	sakisen buha	蒙古語，看守牝牛

順次	滿洲語	漢　字	羅馬拼音	詞　義
57		都　呼	duhū	蒙古語，枕骨
58		伊　埒 哈　達	ile hada	蒙古語，明顯山峰
59		薩古台	sagūtai	蒙古語，有坐
60		遷嘉努	ciyangiyanu	
61		哈蘇納	hasuna	蒙古語，截斷
62		諾　爾 節	nor jiye	唐古特語，財滋生
63		拜 諾　延	bai noyan	蒙古語，不動官長

順次	滿洲語	漢　字	羅馬拼音	詞　義
64		伊　嚕 諤　勒　哲 布　哈	iru ūljei buha	蒙古語， 尋常 壽 牝牛
65		扎　拉　台 綽　和　爾	jalatai cohor	蒙古語， 有帽纓 豹花馬
66		扎　木 哈　克	jamhak	蒙古語， 古部名
67		巴　克　繖	baksan	滿洲語， 兵一攢
68		齊　哩 克　台	ciriktai	蒙古語， 有兵
69		棟　格 默　勒	dunggemel	蒙古語， 尚可

順次	滿洲語	漢　字	羅馬拼音	詞　義
70		巴延 巴圖爾	bayan batur	蒙古語， 富勇
71		鄂克 摩台	omoktai	蒙古語， 輕狂人
72		烏古察	ugūca	蒙古語， 尾骨
73		額布根 和卓	ebugen hojo	蒙古語， 老人 回語， 美
74		塔海 呼圖克	tahai hūtuk	蒙古語， 小福
75		舒庫爾	šukur	蒙古語， 繖

順次	滿洲語	漢　字	羅馬拼音	詞　義
76		阿喇勒 烏　蘇	aral usu	蒙古語， 水中島水
77		博　必	būbi	蒙古語， 哄小兒令睡
78		額　卜 甘　布	eb g'ambu	蒙古語， 順 唐古特語， 老叟
79		昂哈圖	anghatu	蒙古語， 有起初
80		阿克盤	ak pan	唐古特語， 咒語扶助
81		巴莽	bamang	唐古特語， 牛多
82		阿克昌	ak cang	回語， 白色 地超浮塵

順次	滿洲語	漢　字	羅馬拼音	詞　義
83		袞吹嘉勒	gun coijiyal	唐古特語，普闍羅王
84		沙扎該	šajagai	蒙古語，喜鵲
85		實喇巴爾	sira bar	蒙古語，黃色虎
86		昂阿喇	anggara	滿洲語，缸
87		徹辰巴圖爾	cecen batur	蒙古語，聰明勇
88		珠爾噶低	jurgadai	蒙古語，六指
89		茂	moo	滿洲語，樹木

順次	滿洲語	漢　字	羅馬拼音	詞　義
90		奇奇爾	kikir	回語，打飽膈
91		桑噶蘇	sanggasu	蒙古語，鷹條
92		塔本哲爾	tabun jer	蒙古語，五器械
93		齊都爾	cidur	蒙古語，馬絆
94		哈拉珠	halaju	蒙古語，更換
95		呼圖克哈斯	hūtuk has	蒙古語，福玉
96		尼古爾	nigūr	蒙古語，面

順次	滿洲語	漢字	羅馬拼音	詞義
97		額森展	esen jan	蒙古語，平安象
98		實呼格	sirege	蒙古語，床
99		呼都爾達	hūrduda	蒙古語，令急速
100		博囉諾延	boro noyan	滿洲語，青色官長
101		托倫	tolon	滿洲語，火把
102		蘇布特諾延	subut noyan	蒙古語，珍珠官長
103		塔本	tabun	蒙古語，五

順次	滿洲語	漢　字	羅馬拼音	詞　義
104		阿爾 濟蘇 特穆爾	ar jisu temur	蒙古語， 花紋 顏色 鐵
105		阿勒台	altai	蒙古語， 山名
106		德呼 威蘇	dere oisu	蒙古語， 上樺皮
107		哈勒 噶齊 必嚕	halgaci biru	蒙古語， 管門人 二歲牛
108		約蘇 特穆爾	yosu temur	蒙古語， 道理 鐵

順次	滿洲語	漢　字	羅馬拼音	詞　義
109		伊德實 伊納克	idesi inak	蒙古語， 食物 親和
110		齊齊遜 呼喇	cicisun hūra	蒙古語， 花雨
111		賀珍	huwejen	滿洲語， 牌插
112		和爾 斯滿	h'or sman	唐古特語， 蒙古藥
113		裕勒 斯滿	yul sman	唐古特語， 處所藥
114		濟古台 爾	jigurtai	蒙古語， 有鳥翼

順次	滿洲語	漢　字	羅馬拼音	詞　義
115		阿勒默斯 特穆爾	almes temur	蒙古語， 金剛石鐵
116		薩納勒	sanal	蒙古語， 心
117		塔塔 圖該	tatatugai	蒙古語， 令其拉
118		永和爾 默色	yonghor mese	蒙古語， 絨器械
119		隆和 默色	longhop mese	蒙古語， 礶 器械
120		索羅該	sologai	蒙古語， 左

順次	滿洲語	漢　字	羅馬拼音	詞　義
121		多爾瑪	dorma	唐古特語，巴令
122		多伊克	do ik	唐古特語，經字
123		必里克 布哈	bilik buha	蒙古語，度量 牝牛
124		們 必濟	mun biji	蒙古語，是婦人
125		伊嚕 古都斯	iru gudus	蒙古語，尋常魯鈍
126		哈瑠圖	haliotu	蒙古語，有水獺

順次	滿洲語	漢　字	羅馬拼音	詞　義
127		歡都爾布都哈	hondur buha	蒙古語，利害牤牛
128		布察哈罕	buha cagan	蒙古語，牤牛白色
129		托多約蘇	todo yosu	蒙古語，明白道理
130		齊拉袞克酬州	cilagūn keceo	蒙古語，石強
131		柴濟薩哈勒	caiji sahal	蒙古語，鬚全白

順次	滿洲語	漢　字	羅馬拼音	詞　義
132		哲哩木	jerim	蒙古語，馬韁繩
133		果　幹	gowa	蒙古語，美好
134		輝和爾巴拉	hoihor bala	蒙古語，回部名梵語，守護
135		哈蘇濟	hasuji	蒙古語，已截去
136		特濟訥	tejine	蒙古語，養
137		噶勒哈斯	gal has	蒙古語，火玉
138		巴朗	barang	蒙古語，遺矢小兒
139		莽吉蘇	manggisu	蒙古語，貒

順次	滿洲語	漢　字	羅馬拼音	詞　義
140		拜 阿布勒	bai abul	蒙古語， 回人名
141		蘇　默 烏　克	sume uk	蒙古語， 廟 根本
142		舒蘇丹 額默勒	šusudan emel	蒙古語， 有廩給 鞍
143		烏訥爾	uner	蒙古語， 著實
144		扎哈哩	jahari	滿洲語， 小石子
145		阿　榮	a žung	唐古特語， 五中道

順次	滿洲語	漢　字	羅馬拼音	詞　義
146		伊勒必 哈　雅	ilbi haya	蒙古語， 幻山墻
147		濟　達 哈　雅	jida haya	蒙古語， 槍山墻
148		吉　嚕	giru	滿洲語， 骨格
149		實濟爾	sijir	蒙古語， 精金
150		阿勒巴 哈　雅	alba haya	蒙古語， 官差山墻
151		伊特格 森 哈 雅	itegesen haya	蒙古語， 倚靠山墻

順次	滿洲語	漢　字	羅馬拼音	詞　義
152		鄂托 克齊	otokci	蒙古語， 司部屬人
153		納摩	namo	梵語， 頂禮
154		額實赫	esihe	滿洲語， 鱗
155		伊克 瑪勒	ike mal	蒙古語， 大牲畜
156		平安努	ping an nu	
157		和囉海	horohai	蒙古語， 蟲
158		烏努呼	unuhū	蒙古語， 騎

順次	滿洲語	漢　字	羅馬拼音	詞　義
159		珠德 哈雅	jude haya	蒙古語， 勞山墻
160		舒庫 爾台	šukurtai	蒙古語， 有繖
161		濟達 黙色	jida mese	蒙古語， 槍器械
162		伊特 格勒	itegel	蒙古語， 倚靠
163		伊克 哷台	ikeretai	蒙古語， 有一連

順次	滿洲語	漢　字	羅馬拼音	詞　義
164		伯奇里克 黙　色	bekilik mese	蒙古語， 壯實人 器械
165		沙克嘉 實　哩	šakjiya siri	唐古特語， 手印 梵語， 威
166		拜 沁達噶	bai cindaga	蒙古語， 不動天馬
167		實　喇 穆　爾	sira mur	蒙古語， 黃色踪跡

順次	滿洲語	漢　字	羅馬拼音	詞　義
168		托　噶　布　哈	toga buha	蒙古語，數目牝牛
169		袞格根	gun gegen	蒙古語，深明
170		錫里伯	silibe	蒙古語，已選拔
171		蘇穆鼐	sumunai	蒙古語，佐領下
172		伊　納　克　實	inaksi	蒙古語，這邊
173		扎哈台	jahatai	蒙古語，有疆界
174		烏塔噶	utaga	蒙古語，烟

順次	滿洲語	漢　字	羅馬拼音	詞　義
175		塔掄	tarun	滿洲語，冒撞人
176		達蘭台	dalantai	蒙古語，有七十
177		都齊	duci	蒙古語，四十
178		雅蘇圖	yasutu	蒙古語，有骨
179		濟蘇和爾	jisu hor	蒙古語，顏色箭壺
180		吉遜	gisun	滿洲語，鼓槌
181		圖們布哈	tumen buha	蒙古語，萬牝牛
182		阿多古	adogū	蒙古語，牧群

順次	滿洲語	漢　字	羅馬拼音	詞　義
183		托里台	tolitai	蒙古語，有鏡
184		和塔齊	hotaci	蒙古語，守城人
185		拜達勒	baidal	蒙古語，形像
186		伊埒肯	ileken	蒙古語，微明顯
187		博綽	boco	滿洲語，顏色
188		伊喇達	ira da	滿洲語，黍根
189		烏蘭噶爾	ulan gar	蒙古語，紅色手
190		阿達遜	adasun	滿洲語，衣大襟

順次	滿洲語	漢　字	羅馬拼音	詞　義
191		蘇察罕	su cagan	蒙古語， 奶白色
192		薩滿達	samanda	梵語， 普遍
193		遜多台	sundootai	蒙古語， 有荊棘
194		塔沁	tacin	滿洲語， 學
195		哈哩巴	hariba	蒙古語， 回去
196		雅克章	yak jang	蒙古語， 結實性情
197		塔塔	tata	蒙古語， 拉
198		繖扎爾	sanjar	蒙古語， 匆忙

順次	滿洲語	漢　字	羅馬拼音	詞　義
199		蘇珠克 展	sujuk jan	蒙古語， 虔心象
200		阿勒坦 薩　里	altan sali	蒙古語， 金地弩
201		奇塔特 薩　里	kitat sali	蒙古語， 漢人地弩
202		輝和爾 薩　里	hoiler sali	蒙古語， 回部名 地弩
203		達噶濟 薩　里	dagaji sali	蒙古語， 隨從 地弩
204		布　達	buda	蒙古語， 佛

資料來源：《欽定四庫全書》，「史部」，《欽定元史語解》，
　　　　卷二十。

　　表中人名，共計二〇四人。諾爾布，唐古特語讀如
"norbu"，意即「寶」，卷一二一作「捏里必」，卷一
五一作「奴婢」。布古圖，蒙古語讀如"bugūtu"，意即
「有鹿」，卷一二一作「孛忽」。伊勒吉，蒙古語讀如
"ilgi"，意即「去毛皮」，卷一二一作「玉里吉」。穆爾
奇扎爾，蒙古語讀如"mur kijar"，意即「踪跡邊疆」，卷
一二一作「密赤思老」。額勒本，滿洲語讀如"elben"，
意即「茅草」，卷一二一作「也烈班」。錫里庫，蒙古語
讀如"siliku"，意即「選拔」，卷一二一作「吁里兀」，
卷一二七作「旭烈兀」。巴哈台，蒙古語讀如"bahatai"，
意即「嗜好」，卷一二一作「八哈禿」。伊埒圖卜新，蒙
古語讀如"ile tubsin"，意即「明顯平」，卷一二一作「也
里脫伯押真」，又作「也里脫白押真」。特古勒德爾，蒙
古語讀如"tegulder"，意即「全」，卷一二一作「鐵哥帶
兒」。阿穆爾圖，蒙古語讀如"amurtu"，意即「有安」，
卷一二一作「阿馬禿」。達袞，蒙古語讀如"dagūn"，
意即「聲音」，卷一二一作「黯公」。興格，滿洲語讀
如"hingge"，意即「魚群」，卷一二一作「興哥」。穆
濟，滿洲語讀如"muji"，意即「大麥」，卷一二一作「穆
直」，卷一三二作「麥吉」。康托莽嘉，唐古特語讀如
"kang to mang jiya"，意即「房屋高衆寬」，卷一二一作
「勘拖孟迦」。珠嚕，滿洲語讀如"juru"，意即「雙」，
卷一二一作「尢魯」。

　　赫色勒，回語讀如“hesel”，意即「紅色」，卷一二一作「黑梓」。科爾戩，唐古特語讀如“k'or jiyan”，意即「有法輪」，卷一二一作「呵哩禪」。巴爾嘉，滿洲語讀如“bargiya”，意即「收」，卷一二一作「波哩揭」。鄂約達勒，蒙古語讀如“oyodal”，意即「天河」，卷一二一作「畏答兒」。琳沁巴圖爾，唐古特語「琳沁」讀如“rincin”，意即「寶」，蒙古語「巴圖爾」讀如“batur”，意即「勇」，卷一二一作「剌真八都兒」。烏頁，蒙古語讀如“uye”，意即「世」，卷一二一作「畏翼」。岱酬，蒙古語讀如“daiceo”，意即「調兵人」，卷一二二作「大疇」。色辰，蒙古語讀如“sece”，意即「聰明」，卷一二一作「薛禪」。濟勒濟沙，蒙古語讀如“jil jiša”，意即「年班」，卷一二一作「只里吉實」。魯斯，蒙古語讀如“lus”，意即「龍」，卷一二一作「魯孫」。烏納，滿洲語讀如“una”，意即「托盤果」，卷一二一作「兀乃」。察木哈克，蒙古語讀如“camhak”，意即「牌樓」，卷一二一作「蘸木曷」。和掄，滿洲語讀如“horon”，意即「威」，卷一二一作「忽倫」。伊嚕諾延，蒙古語讀如“iru noyan”，意即「尋常官長」，卷一二一作「月魯那演」，卷一三〇作「月魯那顏」。昆都，蒙古語讀如“kundu”，意即「重」，卷一二一作「渾都」。尼瑪僧格，唐古特語讀如“nima sengge”，意即「日獅」，卷一二一作「尼摩星吉」。伊實嘉勒斡僧格，唐古特語讀如“isi jiyalwa sengge”，意即「智慧斡勝獅」，卷一二一作「亦思制瓦性吉」。察蘇，蒙古語讀如“casu”，意即「雪」，卷一二一作「抄思」。

　　達魯，蒙古語讀如"dalu"，意即「琵琶骨」，卷一二一作「答祿」，卷一四七作「答魯」。呼圖克魯沁，蒙古語「呼圖克」讀如"hūtuk"，意即「福」，唐古特語「魯」讀如"lu"，意即「龍」，「沁」讀如"cin"，意即「大」，卷一二一作「胡都虎留乞」。布克，蒙古語讀如"būke"，意即「善撲人」，卷一二二作「不可」。伊嚕勒德濟，蒙古語讀如"irul deji"，意即「福分上分」，卷一二二作「玉倫的斤」。格呼勒德濟，蒙古語讀如"gerel deji"，意即「光上分」，卷一二二作「葛勵的斤」。滿濟勒噶圖，蒙古語讀如"manjilgatu"，意即「有瓔珞」，卷一二二作「馬札兒禿」。色實，滿洲語讀如"sesi"，意即「豆麵剪子股」，卷一二二作「薛十」。哲伯納延，蒙古語讀如"jebe nayan"，意即「梅針箭八十」，卷一二二作「必那演」。諤古埒濟德濟，蒙古語讀如"ūguleji deji"，意即「已說上分」，卷一二二作「玉古倫赤的斤」。滿瑪爾德濟，唐古特語「滿瑪爾」讀如"man mar"，意即「油藥」，蒙古語讀如"deji"，意即「上分」，卷一二二作「馬木剌的斤」，卷一二四作「馬馬的斤」。布斯必，梵語讀如"busbi"，意即「花」，卷一二二作「卜思巴」。伊埒伊克默色必濟，蒙古語讀如"ile ike mese biji"，意即「明顯大器械婦人」，卷一二二作「也立亦黑迷失別吉」。齊奇，蒙古語讀如"ciki"，意即「耳」，卷一二二作「籛吉」。特默塔拉，蒙古語讀如"teme tala"，意即「駝曠野」，卷一二二作「鐵木答兒」。伊嚕伊納克，蒙古語讀如"iru inak"，意即「尋常親和」，卷一二二作「岳洛也奴」。

　　莽哈，蒙古語讀如“mangha”，意即「阜」，卷一二二作「忙漢」。楚齊格爾，蒙古語讀如“cuciger”，意即「直立」，卷一二二作「拙赤歌」。烏木罕，滿洲語讀如“umhan”，意即「髓」，卷一二二作「俺木海」。布格齊，蒙古語讀如“būgeci”，意即「祈福人」，卷一二二作「孛合出」。甘布，唐古特語讀如“g'ambu”，意即「老叟」，卷一二二作「鈐部」。桑科爾，唐古特語讀如“sang k'or”，意即「好輪」，卷一二二作「相吾兒」。綽爾濟都勒斡，唐古特語讀如“corji dulwa”，意即「法師戒律」，卷一二二作「槊直腯魯華」。薩奇森布哈，蒙古語讀如“sakisen buha”，意即「看守牝牛」，卷一二二作「撒吉思卜華」，卷一五五作「撒吉思不花」。都呼，蒙古語讀如“duhū”，意即「枕骨」，卷一二二作「腯虎」。伊埒哈達，蒙古語讀如“ile hada”，意即「明顯山峰」，卷一二二作「亦來哈鵿」。薩古台，蒙古語讀如“sagūtai”，意即「有坐」，卷一二二作「唆火台」。遷嘉努，讀如“ciyangiyanu”，卷一二二作「千家奴」，無解義。哈蘇納，蒙古語讀如“hasuna”，意即「截斷」，卷一二二作「哈散納」。諾爾節，唐古特語讀如“nor jiye”，意即「財滋生」，卷一二三作「紐兒傑」。拜諾延，蒙古語讀如“bai noyan”，意即「不動官長」，卷一二三作「別那顏」。伊嚕諤勒哲布哈，蒙古語讀如“iru ūljei buha”，意即「尋常壽牝牛」，卷一二三作「于完者不花」。扎拉台綽和爾，蒙古語讀如“jalatai cohor”，意即「有帽纓豹花馬」，卷一二三作「召烈台抄兀兒」。扎木哈克，蒙古語讀如“jamhak”，意即「古部名」，卷一二三作「扎木合」。

　　巴克繖，滿洲語讀如"baksan"，意即「兵一攢」、「兵一隊」，卷一二三作「伴撒」。齊哩克台，蒙古語讀如"ciriktai"，意即「有兵」，卷一二三作「怯烈台」。棟格默勒，蒙古語讀如"dunggemel"，意即「尚可」，卷一二三作「東哥馬」。巴延巴圖爾，蒙古語讀如"bayan batur"，意即「富勇」，卷一二三作「拜延八都魯」。鄂摩克台，蒙古語讀如"omoktai"，意即「輕狂人」，卷一二三作「外貌台」。烏古察，蒙古語讀如"ugūca"，意即「尾骨」，卷一二〇作「兀渾察」。額布根和卓，蒙古語「額布根」讀如"ebugen"，意即「老人」，回語「和卓」讀如"hojo"，意即「美稱」，卷一二三作「也班胡火者」。塔海呼圖克，蒙古語讀如"tahai hūtuk"，意即「小福」，卷一二三作「塔海忽都」。舒庫爾，蒙古語讀如"šukur"，意即「繖」，卷一二三作「紹古兒」。阿喇勒烏蘇，蒙古語讀如"aral usu"，意即「水中島水」，卷一二三作「阿剌瓦而思」。博必，蒙古語讀如"būbi"，意即「哄小兒令睡之詞」，卷一二三作「不別」，卷一二八作「孛伯」。額卜甘布，蒙古語「額卜」讀如"eb"，意即「順」，唐古特語「甘布」讀如"g'ambu"，意即「老叟」，卷一二三作「也蒲甘卜」。昂哈圖，蒙古語讀如"anghatu"，意即「有起初」，卷一二三作「昂阿禿」。阿克盤，唐古特語讀如"ak pan"，意即「咒語扶助」，卷一二三作「阿哥潘」。巴莽，唐古特語讀如"bamang"，意即「牛多」，卷一二三作「巴命」。阿克昌，回語讀如"ak cang"，意即「白色地起浮塵」，卷一二三作「阿哥昌」。

　　袞吹嘉勒，唐古特語讀如"gun coijiyal"，意即「普闍

羅王」，卷一二三作「官卓斯結」。沙扎該，蒙古語讀如
"šajagai"，意即「喜鵲」，卷一二三作「純只海」。實
喇巴爾，蒙古語讀如 "sira bar"，意即「黃色虎」，卷一
二三作「喜禮伯倫」。昂阿喇，滿洲語讀如 "anggara"，
意即「缸」，卷一二三作「昂阿剌」。徹辰巴圖爾，蒙
古語讀如 "cecen batur"，意即「聰明勇」，卷一二三作
「苫徹拔都兒」。珠爾噶岱，蒙古語讀如 "jurgadai"，意
即「六指」，卷一二三作「只里瓦丁」。茂，滿洲語讀如
"moo"，意即「樹木」，卷一二三作「麻兀」。奇奇爾，
回語讀如 "kikir"，意即「打飽膈」，卷一二三作「怯悋
里」。桑噶蘇，蒙古語讀如 "sanggasu"，意即「鷹條」，
卷一二三作「相兀速」。塔本哲爾，蒙古語讀如 "tabun
jer"，意即「五器械」，卷一二三作「塔不已兒」。齊都
爾，蒙古語讀如 "cidur"，意即「馬絆」，卷一二三作「直
脫兒」。哈拉珠，蒙古語讀如 "halaju"，意即「更換」，
卷一二三作「哈蘭兀」。呼圖克哈斯，蒙古語讀如 "hūtuk
has"，意即「福玉」，卷一二三作「忽都哈思」。尼古
爾，蒙古語讀如 "nigūr"，意即「面」，卷一二三作「捏古
剌」，又作「捏古來」。額森展，蒙古語讀如 "esen jan"，
意即「平安象」，卷一二三作「阿散真」。實呼格，蒙古
語讀如 "sirege"，意即「床」，卷一二三作「闍兒哥」。
呼爾都達，蒙古語讀如 "hūrduda"，意即「令急速」，
卷一二三作「忽兒都答」。博囉諾延，蒙古語讀如 "boro
noyan"，意即「青色官長」，卷一二三作「不羅那顏」。
托倫，滿洲語讀如 "tolon"，意即「火把」，卷一二三作
「脫倫」。

　　蘇布特諾延，蒙古語讀如“subut noyan”，意即「珍珠官長」，卷一二三作「雪不台那演」。塔本，蒙古語讀如“tabun”，意即「五」，卷一二四作原文。阿爾濟蘇特穆爾，蒙古語讀如“ar jisu temur”，意即「花紋顏色鐵」，卷一二四作「阿里乞失鐵木兒」。阿勒台，蒙古語讀如“altai”，山名，卷一二四作「阿台」。德呼威蘇，蒙古語讀如“dere oisu”，意即「上樺皮」，卷一二四作「迭里威失」。哈勒噶齊必嚕，蒙古語讀如“halgaci biru”，意即「管門人二歲牛」，卷一二四作「哈刺亦哈赤北魯」。約蘇特穆爾，蒙古語讀如“yosu temur”，意即「道理鐵」，卷一二四作「月仙鐵木兒」。伊德寶伊納克，蒙古語讀如“idesi inak”，意即「食物親和」，卷一二四作「月朵失野訥」。齊齊遜呼喇，蒙古語讀如“cicisun hūra”，意即「花雨」，卷一二四作「乞赤宋忽兒」。賀珍，滿洲語讀如“huwejen”，意即「牌插」，卷一二四作「忽棧」。和爾斯滿，唐古特語讀如“h’or sman”，意即「蒙古藥」，卷一二四作「火兒思蠻」。裕勒斯滿，唐古特語讀如“yul sman”，意即「處所藥」，卷一二四作「月兒思蠻」。濟古爾台，蒙古語讀如“jigurtai”，意即「有鳥翼」，卷一二四作「扎兒忽台」。阿勒默斯特穆爾，蒙古語讀如“almes temur”，意即「金剛石鐵」，卷一二四作「阿的迷失帖木兒」。薩納勒，蒙古語讀如“sanal”，意即「心」，卷一二四作「咱納祿」。塔塔圖該，蒙古語讀如“tatatugai”，意即「令其拉」，卷一二四作「塔塔統阿」。永和爾默色，蒙古語讀如“yonghor mese”，意即「絨器械」，卷一二四作「玉忽迷失」。隆和默色，蒙古語讀如“longho mese”，意

即「 器械」，卷一二四作「力渾迷失」。

索羅該，蒙古語讀如 "sologai"，意即「左」，卷一二四作「速羅海」。多爾瑪，唐古特語讀如 "dorma"，意即「巴令」，卷一二四作「薫綿」。多伊克，唐古特語讀如 "do ik"，意即「經字」，卷一二四作「暾欲谷」。必里克布哈，蒙古語讀如 "bilik buha"，意即「度量牡牛」，卷一二四作「俹理伽普華」。們必濟，蒙古語讀如 "mun biji"，意即「是婦人」，卷一二四作「明別吉」。伊嚕古都斯，蒙古語讀如 "iru gudus"，意即「尋常魯鈍」，卷一二四作「玉呂忽都撒」。哈瑠圖，蒙古語讀如 "haliotu"，意即「有水獺」，卷一二四作「合里都」。歡都爾布哈，蒙古語讀如 "hondur buha"，意即「利害牡牛」，卷一二四作「忽都兒不花」。布哈察罕，蒙古語讀如 "buha cagan"，意即「牡牛白色」，卷一二四作「不花長罕」。托多約蘇，蒙古語讀如 "todo yosu"，意即「明白道理」，卷一二四作「天德于思」。齊拉袞克酬，蒙古語讀如 "cilagūn keceo"，意即「石強」，卷一二四作「赤老温愷赤」。柴濟薩哈勒，蒙古語讀如 "caiji sahal"，意即「鬚全白」，卷一二四作「槊只哈撒兒」。哲哩木，蒙古語讀如 "jerim"，意即「馬韁繩」，卷一二四作「哲里馬」。果斡，蒙古語讀如 "gowa"，意即「美好」，卷一二四作「和斡」。輝和爾巴拉，蒙古語「輝和爾」讀如 "hoihor"，意即「回部名」，梵語「巴拉」讀如 "bala"，意即「守護」，卷一二四作「畏兀八剌」。

哈蘇濟，蒙古語讀如 "hasuji"，意即「已截去」，卷一二四作「克薛傑」。特濟訥蒙古語讀如 "tejine"，意即

「養」，卷一二四作「塔尤訥」。噶勒哈斯，蒙古語讀如
"gal has"，意即「火玉」，卷一二四作「哈里哈孫」。
巴朗，蒙古語讀如 "barang"，意即「遺矢小兒」，卷一
二四作「八郎」。莽吉蘇，蒙古語讀如 "manggisu"，意
即「貓」，卷一二四作「孟速思」。拜阿布勒，蒙古語讀
如 "bai abul"，回人名，卷一二五作「別庵伯爾」。蘇默
烏克，蒙古語讀如 "sume uk"，意即「廟根本」，卷一
二五作「撒滿位」。舒蘇丹額默勒，蒙古語讀如 "šusudan
emel"，意即「有廩給鞍」，卷一二五作「苫速丁兀默
里」。烏訥爾，蒙古語讀如 "uner"，意即「著實」，卷
一二五作「烏馬兒」。扎哈哩，滿洲語讀如 "jahari"，
意即「小石子」，卷一二五作「箚法兒」。阿榮，唐古
特語讀如 "a žung"，意即「五中道」，卷一二五作「阿
容」。伊勒必哈雅，蒙古語讀如 "ilbi haya"，意即「幻山
墻」，卷一二五作「牙兒八海牙」。濟達哈雅，蒙古語讀
如 "jida haya"，意即「槍山墻」，卷一二五作「吉臺海
牙」。吉嚕，滿洲語讀如 "giru"，意即「骨格」，卷一
二五作「居里」，卷一五一作「冀驢」。實濟爾，蒙古語
讀如 "sijir"，意即「精金」，卷一二五作「十只兒」。
阿勒巴哈雅，蒙古語讀如 "alba haya"，意即「官差山
墻」，卷一二五作「阿里普海牙」。伊特格森哈雅，蒙古
語讀如 "itegesen haya"，意即「倚靠山墻」，卷一二五作
「益特思海牙」。鄂托克齊，蒙古語讀如 "otokci"，意
即「司部屬人」，卷一二五作「斡脫赤」。納摩，梵語讀
如 "namo"，意即「頂禮」，卷一二五作「那摩」。額實
赫，滿洲語讀如 "esihe"，意即「鱗」，卷一二五作「也識

哥」。

伊克瑪，蒙古語讀如"ike mal"，意即「大牲畜」，卷一二五作「亦可麻」。平安努，蒙古語讀如"ping an nu"，卷一二五作「平安奴」，無解義。和囉海，蒙古語讀如"horohai"，意即「蟲」，卷一二六作「霍魯海」。烏努呼，蒙古語讀如"unuhū"，意即「騎」，卷一二六作「兀奴忽」。珠德哈雅，蒙古語讀如"jude haya"，意即「勞山牆」，卷一二六作「中都海牙」。舒庫爾台，蒙古語讀如"šukurtai"，意即「有繖」，卷一二七作「曉古台」。濟達默色，蒙古語讀如"jida mese"，意即「槍器械」，卷一二七作「折的迷失」。伊特格勒，蒙古語讀如"itegel"，意即「倚靠」，卷一二七作「也的哥」。伊克呼台，蒙古語讀如"ikeretai"，意即「有一連」，卷一二七作「亦克里歹」。伯奇里克默色，蒙古語讀如"bekilik mese"，意即「壯實人器械」，卷一二七作「別吉里迷失」，卷一六六作「別乞里迷失」。沙克嘉實哩，唐古特語「沙克嘉」讀如"šakjiya"，意即「手印」，梵語「實哩」讀如"siri"，意即「威」，卷一二七作「相嘉失禮」，卷一四〇作「沙加識哩」，卷一四五作「沙嘉室實禮」。拜沁達噶，蒙古語讀如"bai cindaga"，意即「不動天馬」，卷一二八作「拜出帖哥」。實喇穆爾，蒙古語讀如"sira mur"，意即「黃色踪跡」，卷一二八作「昔剌木」。托噶布哈，蒙古語讀如"toga buha"，意即「數目牤牛」，卷一二八作「脫溫不花」。袞格根，蒙古語讀如"gun gegen"，意即「深明」，卷一二八作「貫只哥」。

錫里伯，蒙古語讀如"silibe"，意即「已選拔」，卷

一二八作「昔里伯」。蘇穆鼐，蒙古語讀如 "sumunai"，意即「佐領下」，卷一二八作「唆末納」。伊納克實，蒙古語讀如 "inaksi"，意即「這邊」，卷一二八作「亦納思」。扎哈台，蒙古語讀如 "jahatai"，意即「有疆界」，卷一二八作「扎忽台」。烏塔噶，蒙古語讀如 "utaga"，意即「烟」，卷一二八作「兀塔海」。塔掄，滿洲語讀如 "tarun"，意即「冒撞人」，卷一二八作「塔倫」。達蘭台，蒙古語讀如 "dalantai"，意即「有七十」，卷一二八作「帖良臺」。都齊，蒙古語讀如 "duci"，意即「四十」，卷一二八作「禿只」。雅蘇圖，蒙古語讀如 "yasutu"，意即「有骨」，卷一二八作「雅思禿」。濟蘇和爾，蒙古語讀如 "jisu hor"，意即「顏色箭壺」，卷一二九作「朮速忽里」。吉遜，滿洲語讀如 "gisun"，意即「鼓槌」，卷一二九作「寄僧」。圖們布哈，蒙古語讀如 "tumen buha"，意即「萬數牝牛」，卷一二九作「禿滿不花」。阿多古，蒙古語讀如 "adogū"，意即「牧群」，卷一二九作「阿答胡」。托里台，蒙古語讀如 "tolitai"，意即「有鏡」，卷一二九作「脫林帶」，卷一三三作「托林台」。和塔齊，蒙古語讀如 "hotaci"，意即「守城人」，卷一二九作「火都赤」。拜達勒，蒙古語讀如 "baidal"，意即「形像」，卷一二九作「拜答力」。伊埒肯，蒙古語讀如 "ileken"，意即「微明顯」，卷一二九作「也柳干」。博綽，滿洲語讀如 "boco"，意即「顏色」，卷一二九作「撥徹」。伊喇達，滿洲語讀如 "ira da"，意即「黍根」，卷一二九作「移剌答」。

　　烏蘭噶爾，蒙古語讀如 "ulan gar"，意即「紅色

手」，卷一二九作「兀良哈耳」。阿達遜，滿洲語讀如
"adasun"，意即「衣大襟」，卷一二九作「暗答孫」。
蘇察罕，蒙古語讀如 "su cagan"，意即「奶白色」，卷
一二九作「薛赤干」。薩滿達，梵語讀如 "samanda"，
意即「普遍」，卷一二九作「散木觪」。遜多台，蒙古語
讀如 "sundootai"，意即「有荊刺」，卷一二九作「遜都
台」。塔沁，滿洲語讀如 "tacin"，意即「學」，卷一三
〇作「太赤」。哈哩巴，蒙古語讀如 "hariba"，意即「回
去」，卷一三〇作「海藍伯」。雅克章，蒙古語讀如 "yak
jang"，意即「結實性情」，卷一三〇作「燕真」。塔塔，
蒙古語讀如 "tata"，意即「拉」，卷一三〇作「太答」。
繖扎爾，蒙古語讀如 "sanjar"，意即「匆忙」，卷一三〇
作「散扎兒」。蘇珠克展，蒙古語讀如 "sujuk jan"，意
即「虔心象」，卷一三〇作「塞咥旃」。阿勒坦薩里，蒙
古語讀如 "altan sali"，意即「金地弩」，卷一三〇作「阿
台薩理」。奇塔特薩里，蒙古語讀如 "kitat sali"，意即
「漢人地弩」，卷一三〇作「乞台薩里」。輝和爾薩里，
蒙古語「輝和爾」讀如 "hoihor"，回部名，「薩里」讀如
"sali"，意即「地弩」，卷一三〇作「畏吾兒薩里」。達
噶濟薩里，蒙古語讀如 "dagaji sali"，意即「隨從地弩」，
卷一三〇作「烏瓦赤薩哩」。布達，梵語讀如 "buda"，意
即「佛」，卷一三〇作「普達」，卷二〇五作「波迪」。

　　《元史》人名，各卷字面，頗不一致，譬如：梵語
「佛」，讀如 "buda"，卷一三〇作「普達」，卷二〇五作
「波迪」，同音異譯。《欽定元史語解》改動字面，統一譯
音作「布達」，接近梵語讀音。語解人名「沙克嘉實哩」，

唐古特語「沙克嘉」讀如 "šakjiya"，意即「手印」，梵語「實哩」讀如 "siri"，意即「威」，《元史》卷一二七作「相嘉失禮」，卷一四〇作「沙加識理」，卷一四五作「沙嘉室實禮」，同一人而字面不一致，語解改動字面，統一作「沙克嘉實哩」，並譯出滿洲語，讀音相近，語解對研究《元史》頗有裨益。

喇特納達喇實哩

里

梵語喇特納寶也達喇救渡也實哩威也卷一百八作阿忒納答失

烏諳額呵

里

珠赫

滿洲語冰也卷一百八作主忽卷一百九十七作猪狗卷二百作术忽併改

瑪納伊埒

阿瑪納伊埒

巡邏人也卷一

瑪納齊

百八作木南子

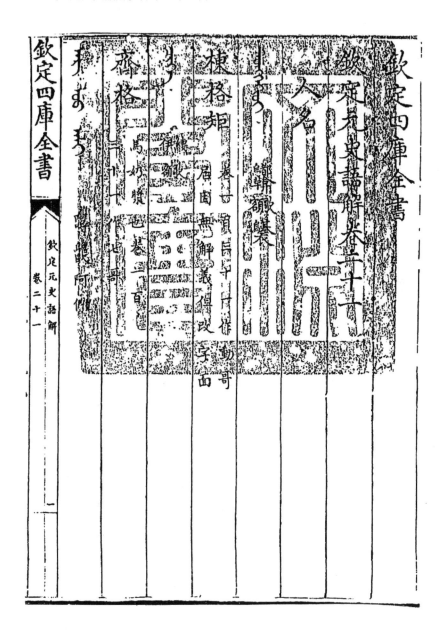

廿一、《欽定元史語解》人名（十三）

《欽定元史語解・人名》滿漢對照表

順次	滿洲語	漢　字	羅馬拼音	詞　義
1		棟格矩	dunggegioi	
2		齊格	cige	蒙古語，馬奶漿
3		阿斐爾阿里	ar luo ali	蒙古語，花紋龍那個
4		烏格	uge	蒙古語，言
5		蘇布特齊	subutci	蒙古語，管珍珠人
6		巴勒巴	balba	滿洲語，眼拙
7		穆徹	muce	蒙古語，刻

順次	滿洲語	漢　字	羅馬拼音	詞　義
8		察喇	cara	蒙古語，注酒器
9		博囉穆爾	boro mur	蒙古語，青色踪跡
10		巴爾斯台	barstai	蒙古語，有虎
11		濟爾噶台	jirgatai	蒙古語，有安逸
12		托卜嘉	tobgiya	滿洲語，膝
13		鴻和徹爾	hongho cer	蒙古語，鈴潔淨
14		舒爾罕	šurgan	蒙古語，風攪雪
15		托歡布哈	tohon buha	蒙古語，釜牤牛

順次	滿洲語	漢　字	羅馬拼音	詞　義
16		特默圖	temetu	蒙古語， 有駝
17		奎蘇	kuisu	蒙古語， 臍
18		伯勒格圖	belgetu	蒙古語， 有先兆
19		拜布古	bai bugū	蒙古語， 不動鹿
20		巴喇嘖齊	baragaci	蒙古語， 管理什物人
21		庫爾森	kursen	蒙古語， 已至
22		鄂和爾	ohor	蒙古語， 短
23		奇塔特章	kitat jang	蒙古語， 漢人之性情
24		伊哷森	iresen	蒙古語， 來

順次	滿洲語	漢　字	羅馬拼音	詞　義
25		布 雅	buye	滿洲語， 小
26		哈噶斯	hagas	蒙古語， 一半
27		威穆蘇	oi mūsu	蒙古語， 叢林冰
28		阿法布	afabu	滿洲語， 交付
29		布達台	budatai	蒙古語， 有飯
30		策 凌	ts'ering	唐古特語， 長壽
31		威喇台	oiratai	蒙古語， 有近
32		溫綽 格色	onco gese	滿洲語， 似寬裕

順次	滿洲語	漢　字	羅馬拼音	詞　義
33		伯楞奇色 默	belenki mese	蒙古語， 預備器械
34		托噶 博索瑪	toga bosoma	蒙古語， 數目骨立
35		諾延 章	noyan jang	蒙古語， 官長性情
36		孟古哈 布	munggu buha	蒙古語， 銀牡牛
37		約斡實	yowaši	回語， 循良人
38		伊琫圖爾 巴圖	ile batur	蒙古語， 明顯勇

順次	滿洲語	漢　字	羅馬拼音	詞　義
39		實　喇 徹　爾	sira cer	蒙古語， 黃色潔淨
40		特爾格台	tergetai	蒙古語， 有車
41		必瑠齊	bilioci	蒙古語， 磨刀人
42		圖古木	tugum	蒙古語， 一扎
43		實　濟 里　延 諾	siliji noyan	蒙古語， 選拔官長
44		呼　渾	hūhūn	蒙古語， 酒濃
45		僧　格 達　喇	sengge dara	唐古特語， 獅 梵語，救渡
46		錫　勒 塔　克	siltak	蒙古語， 推故

順次	滿洲語	漢　字	羅馬拼音	詞　義
47		鄂索勒布哈	osol buha	蒙古語，懶惰牡牛
48		達喇蘇	darasu	蒙古語，酒
49		巴濟拉	bajila	滿洲語，彼岸
50		伊埒圖	iletu	滿洲語，明顯
51		達海甘布	dahai g'ambu	蒙古語，古人名
52		特穆爾托噶	temur toga	蒙古語，鐵數目
53		婁伯奇	luo beki	蒙古語，龍堅固

順次	滿洲語	漢　字	羅馬拼音	詞　義
54		實喇 薩喇	sira sara	蒙古語， 黃色月
55		桑古	sanggu	唐古特語， 好身
56		岱遜 巴圖爾	daisun batur	蒙古語， 讎敵勇
57		特斯古台	tegustai	蒙古語， 有雙
58		色克	seke	滿洲語， 貂鼠
59		齊達勒	cidal	蒙古語， 能
60		托克台 托	toktotai	蒙古語， 有定
61		達蘭 特穆爾	dalan temur	蒙古語， 七十鐵

順次	滿洲語	漢　字	羅馬拼音	詞　義
62		胡土圖克	hūtuktu	蒙古語，再來人
63		實達爾摩哩	sidar mori	蒙古語，親隨馬
64		哈迪爾	hadir	蒙古語，回人名
65		布都瑪勒	budumal	蒙古語，染
66		和尼齊德濟	honici deji	蒙古語，牧羊人上分
67		額埒蘇	elesu	蒙古語，沙
68		都沁雅哈	ducin haya	蒙古語，四十山牆

順次	滿洲語	漢　字	羅馬拼音	詞　義
69		托　里 實　克	toli sik	蒙古語， 鏡相似
70		巴　爾　斯 呼　圖　克	bars hūtuk	蒙古語， 虎福
71		丹　珠　爾	danjur	唐古特語， 續藏經
72		濟　延　圖 布　哈	jiyantu buha	蒙古語， 有命牝牛
73		矩　珠　爾	gioi jur	唐古特語， 十數承受
74		齊　呼 勒　圖	cihūltu	蒙古語， 有窊
75		瑪　拉　噶	malage	蒙古語， 帽

順次	滿洲語	漢　字	羅馬拼音	詞　義
76		婁實克	luo sik	蒙古語，龍相似
77		森濟圖	senjitu	蒙古語，有鐘鈕
78		阿勒巴 巴雅濟呼	alba bayajihū	蒙古語，官差富
79		蘇都爾	sudur	蒙古語，史
80		托蘇	tosu	蒙古語，素油
81		雅布薩爾	yabusar	蒙古語，盡力行走
82		烏珍	ujen	滿洲語，重
83		起布 哈	coo buha	蒙古語，有名牡牛

順次	滿洲語	漢　字	羅馬拼音	詞　義
84		額格 訥	ene ger	蒙古語，此室
85		特穆 爾 英	temur ing	蒙古語，鐵磨
86		博索 瑪 伊 爾	bosoma ir	蒙古語，骨立刃
87		吉 勤 伯 格 齊	gilbegeci	蒙古語，如電
88		烏嚕 斯 哈 美	urushamui	蒙古語，使水流
89		老 哈	looha	蒙古語，眼眵
90		伊 晶	iniye	蒙古語，笑
91		蘇瑪拉	sumala	蒙古語，小囊

順次	滿洲語	漢　字	羅馬拼音	詞　義
92		旺扎勒結	wangjal jiye	蒙古語，尊勝開廣
93		賽達 音呼	sain dahū	蒙古語，好皮端罩
94		布呼 格丹	bugeredan	蒙古語，有腰子
95		倫布	lumbu	唐古特語，自然
96		巴呼 延圖克	bayan hūtuk	蒙古語，富福
97		阿勒華	alhūwa	滿洲語，羅截肉

順次	滿洲語	漢　字	羅馬拼音	詞　義
98		嘉魯鼐達 克 實	jiya luk nai dasi	唐古特語，漢禮處所吉祥
99		雅達 爾 實	yar dasi	唐古特語，上吉祥
100		巴努 爾 瑪斯	barmanus	蒙古語，野馬
101		呼和 雅 克斯	hūyak hos	蒙古語，甲雙
102		伊實摩	isi mo	唐古特語，智慧婦人

順次	滿洲語	漢　字	羅馬拼音	詞　義
103		蘇　爾 約　蘇　圖 和　琳	sur yosutu horin	蒙古語， 威有道理 二十
104		實　登	siden	滿洲語， 公
105		哈　斯 巴　延	has bayan	蒙古語， 玉富
106		蘇　爾　齊	surci	蒙古語， 已學
107		齊　勤 烏　蘭	cikin ulan	蒙古語， 耳紅色
108		塔　爾 古　台	targūtai	蒙古語， 有肥
109		哈　雅	haya	蒙古語， 山牆

順次	滿洲語	漢　字	羅馬拼音	詞　義
110		色　辰 布　哈	sencen buha	蒙古語， 聰明牡牛
111		納　蘇 羅　丹	nasu lodan	蒙古語， 歲 唐古特語， 全年
112		實　喇 阿古爾	sira agūr	蒙古語， 黃色氣
113		哈　喇 阿古爾	hara agūr	蒙古語， 黑色氣
114		雅爾堅 雅　里	yargiyan yali	滿洲語， 真肉
115		伊哷珠	ireju	蒙古語， 來
116		巴　扎	baja	蒙古語， 連襟

順次	滿洲語	漢　字	羅馬拼音	詞　義
117		咱　雅	dzaya	梵語， 勝
118		賓咱雅	bindzaya	梵語， 尊勝
119		雅　爾	yar	唐古特語， 上
120		特穆爾 克	temur ke	蒙古語， 鐵華麗
121		扎喇低	jaradai	蒙古語， 有刺蝟
122		扎　禮 達　珠	jalidaju	蒙古語， 使奸
123		達勒達	dalda	蒙古語， 隱僻處
124		達　珠	daju	
125		科　爾 結	k'or jiye	唐古特語， 輪開廣

順次	滿洲語	漢　字	羅馬拼音	詞　義
126		布達 喇實	buda rasi	梵語，佛 唐古特語， 吉祥
127		裕勒 扎實	yul jasi	唐古特語， 地方吉祥
128		拜蘇 濟	bai jisu	蒙古語， 不動顏色
129		呼爾敦 達哩	hūrdun dari	蒙古語， 急快火藥
130		布爾 噌蘇	burgasu	蒙古語， 叢柳
131		伊勒呼濟 濟哈雅	iljireji haya	蒙古語， 朽爛山牆

順次	滿洲語	漢　字	羅馬拼音	詞　義
132		蒙格圖	menggetu	蒙古語，有痣
133		烏魯斯 和爾實雅	ulus horsiya	蒙古語，國夥伴
134		巴奇爾	bakir	蒙古語，河身
135		錫里德克台	silideketai	蒙古語，有精銳
136		博索瑪	bosoma	蒙古語，骨立
137		當珊	dangšan	滿洲語，一介
138		伯奇實克	beki sik	蒙古語，堅固相似
139		奇徹伯	kicebe	滿洲語，勤

順次	滿洲語	漢　字	羅馬拼音	詞　義
140		烏哲台	ujetai	蒙古語，有看
141		烏蘭 岱　爾	ulan dair	蒙古語，紅色牡鹿
142		鄂拓克 本　布	otok bumbu	蒙古語，部屬道士
143		徹伯爾 巴　圖	ceber batu	蒙古語，潔淨結實
144		特爾台 格	tergetai	蒙古語，有車
145		布延喇 呼	buyan hūra	蒙古語，福集聚

順次	滿洲語	漢　字	羅馬拼音	詞　義
146		博^勒和 罕　扎	bolgo hanja	滿洲語， 清廉
147		達　實 袞	dasi gun	唐古特語， 吉祥普遍
148		蘇^爾台	surtai	蒙古語， 有威
149		實　喇 巴　圖^爾	sira batur	蒙古語， 黃色勇
150		和　約^爾	hoyor	蒙古語， 二
151		吉^爾丹	girdan	滿洲語， 蜈蚣蠹
152		拜　哲伯	bai jebe	蒙古語， 不動梅針箭
153		阿達奇	adaki	滿洲語， 鄰

順次	滿洲語	漢　字	羅馬拼音	詞　義
154		哈當阿	hadangga	滿洲語， 有山峰
155		巴拜 布琳	babai burin	蒙古語， 寶貝全
156		阿穆爾 特穆爾	amur temur	蒙古語， 安鐵
157		海蘇	haisu	蒙古語， 銅鍋
158		察爾奇	carki	滿洲語， 札板
159		納琳 哲爾	narin jer	蒙古語， 細器械
160		奇爾 實勒	kir sil	蒙古語， 斑點琉璃

順次	滿洲語	漢　字	羅馬拼音	詞　義
161		托果琳	togorin	蒙古語，週圍
162		巴哩察	barica	蒙古語，準頭
163		庫魯克	kuluk	蒙古語，超衆
164		雅雅	yaya	蒙古語，回人名
165		諾延	noyan	蒙古語，官長
166		巴扎納	bajana	蒙古語，預備
167		約蘇穆爾	yosu mur	蒙古語，道理踪跡
168		伊扎埒巴	ile jaba	蒙古語，明顯山谷
169		外嘉努	waigiyanu	

順次	滿洲語	漢　字	羅馬拼音	詞　義
170		塔布台	tabutai	蒙古語，有五
171		雅爾鼐	yarnai	唐古特語，夏居
172		濟嚕海	jiruhai	蒙古語，算法
173		霄旺	siyaowang	
174		拉珠	laju	滿洲語，身笨
175		伊克台　伊爾丹	iketai　irdan	蒙古語，有大　有刃
176		托里雅　哈雅	toli　haya	蒙古語，鏡山牆
177		庫布坍　克色濟	kuke　buseleji	蒙古語，青色繫帶

順次	滿洲語	漢　字	羅馬拼音	詞　義
178		達　勒 達　哈	daldaha	滿洲語， 隱避
179		伊克圖	iketu	蒙古語， 有大
180		達　實 哈　雅	dasi haya	唐古特語， 吉祥 蒙古語，山 牆
181		伊納克實	inaksi	蒙古語， 這邊
182		伊　嚕 徹　爾	iru cer	蒙古語， 尋常潔淨
183		推　勒 塔　納	tuil tana	蒙古語， 極東珠
184		額　森 塔　納	esen tana	蒙古語， 平安東珠

順次	滿洲語	漢　字	羅馬拼音	詞　義
185		頁密托 特實瑪勒	yetmiši toma	回語，七十河派
186		哈哈 勒蘭	halhalan	蒙古語，護
187		阿徹 哩爾袞	arigūn cer	蒙古語，廉潔
188		特格 黙爾	teme ger	蒙古語，駝房屋
189		沙本 克嘉	šakjiya bun	唐古特語，手印官長
190		陞努	šengnu	

順次	滿洲語	漢　字	羅馬拼音	詞　義
191		薩都 實　哩	sadu siri	梵語， 心威
192		阿　爾 濟　蘇斯	ar jisu	蒙古語， 花紋顏色
193		和　斯 和　哩	hoshori	滿洲語， 捲毛馬
194		都哩木 特穆爾	durim temur	蒙古語， 規模鐵
195		阿穆嘎 實　哩	amug'a siri	梵語， 不空威
196		伯勒格 特穆爾	belge temur	蒙古語， 吉祥鐵

順次	滿洲語	漢　字	羅馬拼音	詞　義
197		庫　庫	kuku	蒙古語，青色
198		都　沁 特穆爾	ducin temur	蒙古語，四十鐵
199		策　丹	ts'edan	唐古特語，全壽
200		拉　里	lali	滿洲語，爽利
201		呼濟哩	hūjiri	滿洲語，鰜
202		茂 濟嚕海	moo jiruhai	蒙古語，不善算法
203		恭　古	gunggū	滿洲語，後奔顱
204		青　圖 布　哈	cingtu buha	蒙古語，誠牤牛

順次	滿洲語	漢　字	羅馬拼音	詞　義
205		芳嘉努	fanggiyanu	
206		噶勒桑	g'alsang	唐古特語，善緣
207		阿爾 和碩	ar hošoo	蒙古語，花紋 山岡盡處
208		薩木丹 巴勒	samdan bal	唐古特語，禪定威
209		昂阿	angga	滿洲語，口

資料來源：《欽定四庫全史》，「史部」，《欽定元史語解》，
　　卷二十一。

　　表中人名，共計二〇九人。表中棟格矩，讀如
"dunggegioi"，卷一三一作「動哥居」，無解義。齊格，
蒙古語讀如"cige"，意即「馬奶漿」，卷一三一作「七
哥」。阿爾婁阿里，蒙古語讀如"ar luo ali"，意即「花
紋龍那個」，卷一三一作「阿剌魯阿力」。烏格，蒙古語
讀如"uge"，意即「言」，卷一三一作「哇歌」。蘇布特
齊，蒙古語讀如"subutci"，意即「管珍珠人」，卷一三一

作「壽不赤」。巴勒巴，滿洲語讀如"balba"，意即「眼拙」，卷一三一作「不蘭伯」，卷一三四作「八丹」。穆徹，蒙古語讀如"muce"，意即「刻」，卷一三一作「麻察」。察喇，蒙古語讀如"cara"，意即「注酒器」，卷一三一作「察剌」，又作「茶倫」。博囉穆爾，蒙古語讀如"boro mur"，意即「青色踪跡」，卷一三一作「字羅迷兒」。巴爾斯台，蒙古語讀如"barstai"，意即「有虎」，卷一三一作「八思台」，卷一六二作「別速台」。濟爾噶台，蒙古語讀如"jirgatai"，意即「有安逸」，卷一三一作「執禮和台」，卷一三七作「質禮花台」，卷一三八作「只兒瓦歹」。托卜嘉，滿洲語讀如"tobgiya"，意即「膝」，卷一三一作「脫堅」。鴻和徹爾，蒙古語讀如"honghocer"，意即「鈴潔淨」，卷一三一作「豁火察」。

舒爾罕，蒙古語讀如"šurgan"，意即「風攬雪」，卷一三一作「朔魯罕」。托歡布哈，蒙古語讀如"tohonbuha"，意即「釜牤牛」，卷一三一作「脫桓不花」。特默圖，蒙古語讀如"temetu"，意即「有駝」，卷一三一作「帖木禿」。奎蘇，蒙古語讀如"kuisu"，意即「臍」，卷一三一作「吉思」。伯勒格圖，蒙古語讀如"belgetu"，意即「有先兆」，卷一三一作「別里怯都」。拜布古，蒙古語讀如"bai bugū"，意即「不動鹿」。巴喇噶齊，蒙古語讀如「管理什物人」，卷一三一作「八喇哈赤」。庫爾森，蒙古語讀如"kursen"，意即「已至」，卷一三一作「曲兒先」。鄂和爾，蒙古語讀如"ohor"，意即「短」，卷一三一作「兀忽兒」。奇塔特章，蒙古語讀如"kitat jang"，意即「漢人之性情」，卷一三一作「乞答真」。伊哷森，蒙古

語讀如"iresen"，意即「來」，卷一三一作「押兒撒」。
布雅，滿洲語讀如"buya"，意即「小」，卷一三一作「拜
要」。哈噶斯，蒙古語讀如"hagas"，意即「一半」，卷
一三二作「杭忽斯」。威穆蘇，蒙古語讀如"oi mūsu"，
意即「叢林冰」，卷一三二作「外麻思」。阿法布，滿洲語
讀如"afabu"，意即「交付」，卷一三二作「按法普」。
布達台，蒙古語讀如"budatai"，意即「有飯」，卷一三
二作「不答台」。策凌，唐古特語讀如"ts'ering"，意
即「長壽」，卷一三二作「赤憐」。威喇台，蒙古語讀如
"oiratai"，意即「有近」，卷一三二作「外喇台」。温綽
格色，滿洲語讀如"onco gese"，意即「似寬裕」，卷一三
二作「寬赤哥思」。

　　伯楞奇默色，蒙古語讀如"belenki mese"，意即「預
備器械」，卷一三二作「別里吉迷失」。托噶博索瑪，蒙古
語讀如"toga bosoma"，意即「數目骨立」，卷一三二作
「禿呵不甲麻」。諾延章，蒙古語讀如"noyan jang"，意
即「官長之性情」，卷一三二作「乃咬真」。孟古布哈，蒙
古語讀如"munggu buha"，意即「銀牡牛」，卷一三二作
「忙古不花」，卷一三八作「蒙哥不花」。約斡實，回語讀
如"yowaši"，意即「循良人」，卷一三二作「玉哇失」。
伊埒巴圖爾，蒙古語讀如"ile batur"，意即「明顯勇」，
卷一三二作「也烈拔都兒」。實喇徹爾，蒙古語讀如"sira
cer"，意即「黃色潔淨」，卷一三二作「失剌察兒」。特
爾格台，蒙古語讀如"tergetai"，意即「有車」，卷一三
二作「帖里哥歹」。必瑠齊，蒙古語讀如"bilioci"，意即
「磨刀人」，卷一三二作「必里察」。圖古木，蒙古語讀

如“tugum”，意即「一扎」，卷一三二作「禿苦馬」。
實里濟諾延，蒙古語讀如“siliji noyan”，意即「選拔官
長」，卷一三二作「雪里堅那顏」。呼渾，蒙古語讀如
“hūhūn”，意即「酒濃」，卷一三二作「霍忽」。僧格達
喇，唐古特語「僧格」讀如“sengge”，意即「獅」，梵
語「達喇」讀如“dara”，意即「救渡」，卷一三二作「桑
忽答兒」。錫勒塔克，蒙古語讀如“siltak”，意即「推
故」，卷一三二作「昔力答」。鄂索勒布哈，蒙古語讀如
“osol buha”，意即「懶惰牡牛」，卷一三二作「兀作兒不
罕」。達喇蘇，蒙古語讀如“darasu”，意即「酒」，卷一
三二作「塔兒沙」。巴濟拉，滿洲語讀如“bajila”，意即
「彼岸」，卷一三二作「別吉連」。伊埒圖，滿洲語讀如
“iletu”，意即「明顯」，卷一三二作「也連的」，卷一六
七作「也里脫」。

達海甘布，蒙古語讀如“dahai g'ambu”，古人名，卷
一三二作「塔海紺卜」。特穆爾托噶，蒙古語讀如“temur
toga”，意即「鐵數目」，卷一三二作「帖木脫幹」。婁伯
奇，蒙古語讀如“luo beki”，意即「龍堅固」，卷一三二
作「列別朮」。實喇薩喇，蒙古語讀如“sira sara”，意即
「黃色月」，卷一三二作「匣剌撒兒」。桑古，唐古特語讀
如“sanggu”，意即「好身」，從卷一三三原文。岱遜巴圖
爾，蒙古語讀如“daisun batur”，意即「讎敵勇」，卷一三
三作「太撒拔都兒」。特古斯台，蒙古語讀如“tegustai”，
意即「有雙」，卷一三三作「帖古歹」。色克，滿洲語讀
如“seke”，意即「貂鼠」，卷一三三作「賽哥」。齊達
勒，蒙古語讀如“cidal”，意即「能」，卷一三三作「曲迷

兒」。托克托台，蒙古語讀如"toktotai"，意即「有定」，卷一三三作「脫脫台」。達蘭特穆爾，蒙古語讀如"dalan temur"，意即「七十鐵」，卷一三三作「答蘭帖木兒」。胡土克圖，蒙古語讀如"kūtuktu"，意即「再來人」，卷一三三作「大奪都」，卷一三七作「忽都篤」，卷一六五作「忽篤土」。實達爾摩哩，蒙古語讀如"sidar mori"，意即「親隨馬」，卷一三三作「厘答兒察立」。哈迪爾，蒙古語讀如"hadir"，回人名，卷一三三作「黑的兒」。布都瑪勒，蒙古語讀如"budumal"，意即「染」，卷一三三作「不都蠻」。和尼齊德濟，蒙古語讀如"honici deji"，意即「牡羊人上分」，卷一三三作「火你赤的斤」。額埒蘇，蒙古語讀如"elesu"，意即「沙」，卷一三三作「也連沙」。都沁哈雅，蒙古語讀如"ducin haya"，意即「四十山牆」，卷一三三作「土堅海牙」。托里實克，蒙古語讀如"toli sik"，意即「鏡相似」，卷一三三作「脫力世官」。

　　巴爾斯呼圖克，蒙古語讀如"bars hūtuk"，意即「虎福」，卷一三三作「八思忽都」。丹珠爾，唐古特語讀如"danjur"，意即「續藏經」，卷一三三作「旦只兒」。濟延圖布哈，蒙古語讀如"jiyantu buha"，意即「有命牝牛」，卷一三三作「建都不花」。矩珠爾，唐古特語讀如"gioi jur"，意即「十承受」，卷一三三作「菊者」。齊呼勒圖，蒙古語讀如"cihūltu"，意即「有窄」，卷一三三作「怯古里禿」。瑪拉噶，蒙古語讀如"malaga"，意即「帽」，卷一三三作「莫剌合」。婁實克，蒙古語讀如"luo sik"，意即「龍相似」，卷一三三作「律實」。森濟圖，蒙古語讀如"senjitu"，意即「有鐘鈕」，卷一三三作「僧

吉陀」。阿勒巴巴雅濟呼，蒙古語讀如“alba bayajihū”，意即「官差富」，卷一三三作「愛伯伯牙兀」。蘇都爾，蒙古語讀如“sudur”，意即「史」，卷一三三作「昔都兒」。托蘇，蒙古語讀如“tosu”，意即「素油」，卷一三三作「禿孫」。雅布薩爾，蒙古語讀如“yabusar”，意即「盡力行走」，卷一三三作「岳不思兒」。烏珍，滿洲語讀如“ujen”，意即「重」，卷一三四作「斡真」，卷一五五作「兀真」。超布哈，蒙古語讀如“coo buha”，意即「有名牡牛」，卷一三四作「抄不花」。額訥格爾，蒙古語讀如“ene ger”，意即「猶言此室」，卷一三四作「月乃合」。特穆爾英，蒙古語讀如“temur ing”，意即「鐵磨」，卷一三四作「帖木爾越哥」。博索瑪伊爾，蒙古語讀如“bosoma”，意即「骨立刃」，卷一三四作「把掃馬野禮」。吉勒伯格齊，蒙古語讀如“gilbegeci”，意即「如電」，卷一三四作「闕里別斡赤」。

烏嚕斯哈美，蒙古語讀如“urushamui”，意即「使水流」，卷一三四作「斡羅思密」。老哈，蒙古語讀如“looha”，意即「眼眵」，卷一三四作「魯合」。伊聶，蒙古語讀如“iniye”，意即「笑」，卷一三四作「亦納」。蘇瑪拉，滿洲語讀如“sumala”，意即「小囊」，卷一三四作「唆木蘭」。旺扎勒結，唐古特語讀如“wangjal jiye”，意即「尊勝開廣」，卷一三四作「斡扎簀」。賽音達呼，蒙古語讀如“sain dahū”，意即「好皮端罩」，卷一三四作「撒都忽」。布格呼丹，蒙古語讀如“bugeredan”，意即「有腰子」，卷一三四作「法花魯丁」。倫布，唐古特語讀如“lumbu”，意即「自然」，卷一三四作「龍寶」。巴延呼

圖克，蒙古語讀如"bayan hūtuk"，意即「富福」，卷一三四作「孛顏忽都」。阿勒華，滿洲語讀如"alhūwa"，意即獸類的橫隔膜，稱為「羅截肉」，卷一三四作「阿華」。嘉魯克鼐達實，唐古特語讀如"jiya luk nai dasi"，意即「漢禮處所吉祥」，卷一三四作「迦魯納答思」。雅爾達實，唐古特語讀如"yar dasi"，意即「上吉祥」，卷一三四作「牙答思」。巴爾瑪努斯，蒙古語讀如"barmanus"，意即「野馬」，卷一三四作「兵剌也奴」。呼雅克和斯，蒙古語讀如"hūyak hos"，意即「甲雙」，卷一三四作「忽押忽卒」。伊實摩，唐古特語讀如"isi mo"，意即「智慧婦人」，卷一三四作「藥失謀」。蘇爾約蘇圖和琳，蒙古語讀如"sur yosutu horin"，意即「威有道理二十」，卷一三四作「小雲石脫忽憐」。實登，滿洲語讀如"siden"，意即「公私之公」，卷一三四作「石得」。

哈斯巴延，蒙古語讀如"has bayan"，意即「玉富」，卷一三四作「哈失伯要」。蘇爾齊，蒙古語讀如"surci"，意即「已學」，卷一三四作「小丑」。齊勤烏蘭，蒙古語讀如"cikin ulan"，意即「耳紅色」，卷一三四作「怯延兀蘭」。塔爾古台，蒙古語讀如"targūtai"，意即「有肥」，卷一三四作「塔兒忽台」。哈雅，蒙古語讀如"haya"，意即「山牆」，卷一三四作「海牙」。色辰布哈，蒙古語讀如"secen buha"，意即「聰明牝牛」，卷一三四作「薛綽不花」。納蘇羅丹，蒙古語「納蘇」讀如"nasu"，意即「歲」，唐古特語「羅丹」讀如"lodan"，意即「全年」，卷一三四作「納速魯丁」。實喇阿古爾，蒙古語讀如"hara agūr"，意即「黑色氣」，卷一三四作「哈剌阿

忽剌」。雅爾堅雅里，滿洲語讀如 "yargiyan yali"，意即「真肉」，卷一三五作「義堅雅禮」。伊呼珠，蒙古語讀如 "ireju"，意即「來」，卷一三五作「月連朮」。巴扎，蒙古語讀如 "baja"，意即「連襟」，卷一三五作「八札」。咱雅，梵語讀如 "dzaya"，意即「勝」，卷一三五作「宰牙」。賓咱雅，梵語讀如 "bindzaya"，意即「尊勝」，卷一三五作「必宰牙」。雅爾，唐古特語讀如 "yar"，意即「上」，卷一三五作「牙倫」。卷一四九作「鴉兒」，卷一九五作「咬兒」。特穆爾克，蒙古語讀如 "temur ke"，意即「鐵華麗」，卷一三五作「忒木勒哥」。扎喇岱，蒙古語讀如 "jaradai"，意即「有刺蝟」，卷一三五作「扎剌帶」。扎禮達珠，蒙古語讀如 "jalidaju"，意即「使奸」，卷一三五作「扎里答朮」。達勒達，蒙古語讀如 "dalda"，意即「隱僻處」，卷一三五作「大答」，卷一六二作「嗒答」。達珠，讀如 "daju"，卷一三五作「答朮」，無解義。

科爾結，唐古特語讀如 "k'or jiye"，意即「輪開廣」，卷一三五作「口兒吉」。布達喇實，梵語「布達」讀如 "buda"，意即「佛」，唐古特語「喇實」讀如 "rasi"，意即「吉祥」，卷一三五作「福得來賜」。裕勒扎實，唐古特語讀如 "yul jasi"，意即「地方吉祥」，卷一三五作「玉爪失」。拜濟蘇，蒙古語讀如 "bai jisu"，意即「不動顏色」，卷一三五作「拜只思」。呼爾敦達哩，蒙古語讀如 "hūrdun dari"，意即「急快火藥」，卷一三五作「忽都答立」。布爾噶蘇，蒙古語讀如 "burgasu"，意即「叢柳」，卷一三五作「孛兒速」，又作「孛思速」。伊

勒濟呼濟哈雅，蒙古語讀如"iljireji haya"，意即「朽爛山牆」，卷一三五作「月舉連赤海牙」。蒙格圖，蒙古語讀如"menggetu"，意即「有痣」，卷一三五作「滿哥都」。烏魯斯

和爾實雅，蒙古語讀如"ulus horsiya"，意即「國夥伴」，卷一三五作「兀朗孫火石顏」。巴奇爾，蒙古語讀如"bakir"，意即「河身」，卷一三五作「別乞憐」。錫里德克台，蒙古語讀如"silidektai"，意即「有精銳」，卷一三五作「撒兒答台」。博索瑪，蒙古語讀如"bosoma"，意即「骨立」，卷一三五作「布四麻」。當珊，滿洲語讀如"dangšan"，意即「一介」，卷一三五作「當先」。伯奇實克，蒙古語讀如"beki sik"，意即「堅固相似」，卷一三五作「別乞失」。奇徹伯，滿洲語讀如"kicebe"，意即「勤」，卷一三五作「出春伯」。烏哲台，蒙古語讀如"ujetai"，意即「有看」，卷一三五作「兀者台」。烏蘭岱爾，蒙古語讀如"ulan dair"，意即「紅色牡鹿」，卷一三五作「兀兒答兒」。鄂拓克本布，蒙古語讀如"otok bumbu"，意即「部屬道士」，卷一三五作「斡脫布伯」。徹伯爾巴圖，蒙古語讀如"ceber batu"，意即「潔淨結實」，卷一三五作「出伯伯都」。

特爾格台，蒙古語讀如"tergetai"，意即「有車」，卷一三五作「帖哥台」。布延呼喇，蒙古語讀如"buyan hūra"，意即「福集聚」，卷一三五作「普顏忽里」。博勒和罕扎，滿洲語讀如"bolgo hanja"，意即「清廉」，卷一三五作「不魯罕罕箚」。達實袞，唐古特語讀如"dasi gun"，意即「吉祥普遍」，卷一三五作「太赤溫」。蘇

爾台,蒙古語讀如"surtai",意即「有威」,卷一三五作「許兒台」。實喇巴圖爾,蒙古語讀如"sira batur",意即「黃色勇」,卷一三五作「失剌拔都兒」。和約爾,蒙古語讀如"hoyor",意即「二」,卷一三五作「和元魯」。吉爾丹,滿洲語讀如"girdan",意即「蜈蚣蠹」,卷一三五作「給答安」。拜哲伯,蒙古語讀如"bai jebe",意即「不動梅針箭」,卷一三五作「別吉八」。阿達奇,滿洲語讀如"adaki",意即「鄰」,卷一三五作「愛的斤」。哈當阿,滿洲語讀如"hadangga",意即「有山峰」,卷一三五作「哈答安」。巴拜布琳,蒙古語讀如"babai burin",意即「寶貝全」,卷一三五作「不別八憐」。阿穆爾特穆爾,蒙古語讀如"amur temur",意即「安鐵」,卷一三五作「兀滿帖木兒」。海蘇,蒙古語讀如"haisu",意即「銅銷」,卷一三五作「海速」。察爾奇,滿洲語讀如"carki",意即「札板」,卷一三五作「恠烈吉」。納琳哲爾,蒙古語讀如"narin jer",意即「細器械」,卷一三五作「紐隣澤」。奇爾實勒,蒙古語讀如"kir sil",意即「斑點琉璃」,卷一三六作「啟昔禮」。

托果琳,蒙古語讀如"togorin",意即「週圍」,卷一三六作「脫斡璘」。巴哩察,蒙古語讀如"barica",意即「準頭」,卷一三六作「博理察」。庫魯克,蒙古語讀如"kuluk",意即「超衆」,卷一三六作「曲律」。雅雅,蒙古語讀如"yaya",回人名,卷一三六作「牙牙」,卷一四九作「加葉」。諾延,蒙古語讀如"noyan",意即「官長」,卷一三六作「納牙」。巴扎納,蒙古語讀如"bajana",意即「預備」,卷一三六作「伯嘉納」。約蘇

穆爾，蒙古語讀如"yosu mur"，意即「道理踪跡」，卷一三六作「要速木」。伊埒扎巴，蒙古語讀如"ile jaba"，意即「明顯山谷」，卷一三六作「也里失八」。外嘉努，讀如"waigiyanu"，卷一三七作「外家奴」，無解義。塔布台，蒙古語讀如"tabutai"，意即「有五」，卷一三七作「達不台」，卷一五四作「塔不台」。雅爾鼐，唐古特語讀如"yarnai"，意即「夏居」，卷一三七作「野訥」。濟嚕海，蒙古語讀如"jiruhai"，意即「算法」，卷一三七作「只兒哈」。霄旺，讀如"siyaowang"，卷一三七作「小汪」，無解義。拉珠，滿洲語讀如"laju"，意即「身笨」，卷一三七作「蘭住」。伊克台伊爾丹，蒙古語讀如"iketai irdan"，意即「有大有刃」，卷一三七作「奕赫抵雅爾丁」。托里哈雅，蒙古語讀如"toli haya"，意即「鏡山牆」，卷一三七作「脫烈海牙」。庫克布色埒濟，蒙古語讀如"kuke buseleji"，意即「青色繫帶」，卷一三七作「闊華八撒朮」。達勒達哈，滿洲語讀如"daldaha"，意即「隱避」，卷一三八作「朵兒答哈」。伊克圖，蒙古語讀如"iketu"，意即「有大」，卷一三八作「牙忽禿」。

　　達實哈雅，唐古特語「達實」讀如"dasi"，意即「吉祥」，蒙古語「哈雅」讀如"haya"，意即「山牆」，卷一三八作「塔失海涯」。伊納克實，蒙古語讀如"inaksi"，意即「這邊」，卷一三八作「亦訥思」。伊嚕徹爾，蒙古語讀如"iru cer"，意即「尋常潔淨」，卷一三八作「玉龍徹」。推勒塔納，蒙古語讀如"tuil tana"，意即「極東珠」，卷一三八作「太塔你」。額森塔納，蒙古語讀如"esen tana"，意即「平安東珠」，卷一三八作「也先帖

你」。頁特密實托瑪，回語讀如“yetmiši toma”，意即「七十河派」，卷一三八作「也的迷失脫迷」。哈勒哈蘭，蒙古語讀如“halhalan”，意即「護」，卷一三八作「哈兒哈倫」。阿哩袞徹爾，蒙古語讀如“arigūn cer”，意即「廉潔」，卷一三八作「阿魯渾察」。特默格爾，蒙古語讀如“teme ger”，意即「駝房屋」，卷一三八作「探馬哈兒」。沙克嘉本，唐古特語讀如“šakjiya bun”，意即「手印官長」，卷一三八作「世傑班」。陞努，讀如“šengnu”，卷一三八作「聖奴」，無解義。薩都實哩，梵語讀如“sadu siri”，意即「心威」，卷一三八作「撒都失里」。阿爾濟蘇，蒙古語讀如“ar jisu”，意即「花紋顏色」，卷一三九作「阿禮吉失」。和斯和哩，滿洲語讀如“hoshori”，意即「捲毛馬」，卷一三九作「忽速忽爾」。都哩木特穆爾，蒙古語讀如“durim temur”，意即「規模鐵」，卷一三九作「朶蠻帖木兒」。阿穆嘎實哩，梵語讀如“amug’a siri”，意即「不空威」，卷一三九作「俺木哥失里」。伯勒格特穆爾，蒙古語讀如“belge temur”，意即「吉祥鐵」，卷一三九作「別里哥帖木爾」。庫庫，蒙古語讀如“kuku”，意即「青色」，卷一三九作「巎巎」。

都沁特穆爾，蒙古語讀如“ducin temur”，意即「四十鐵」，卷一三九作「篤堅帖木而」。策丹，唐古特語讀如“ts’edan”，意即「全壽」，卷一四〇作「自當」。拉里，滿洲語讀如“lali”，意即「爽利」，卷一四〇作「闍闍」。呼濟哩，滿洲語讀如“hūjiri”，意即「鹻」，卷一四〇作「桓州閭」。茂濟嚕海，蒙古語讀如“moo jiruhai”，意即「不善算法」，卷一四一作「迷只兒海」。恭古，滿

洲語讀如"gunggu"，意即「後奔顱」，頭後部高，卷一
四一作「闊闊」。青圖布哈，蒙古語讀如"cingtu buha"，
意即「誠牤牛」，卷一四二作「成都不花」。芳嘉努，讀
如"fanggiyanu"，卷一四二作「方家奴」，無解義。噶
勒桑，唐古特語讀如"g'alsang"，意即「善緣」，卷一四
二作「剛僧」。阿爾和碩，蒙古語讀如"ar hošoo"，意即
「花紋山岡盡處」，卷一四二作「阿魯渾沙」。薩木丹巴
勒，唐古特語讀如"samdan bal"，意即「禪定威」，卷
一四二作「三旦八」。昂阿，滿洲語讀如"angga"，意即
「口」，卷一四二作「安安」。

　　《元史》人名，各卷譯音不同，同名異譯，譬如；再
來人，蒙古語讀如"kūtuktu"，《元史》卷一三三作「火
奪都」，卷一三七作「忽都篤」，卷一六五作「忽篤土」，
前後不一致。《欽定元史語解》改動字面，統一作「胡土
克圖」，並標明滿洲語讀音。表中人名，除蒙古語、滿洲語
外，還有唐古特語、梵語、回語等。《元史》卷一三二「桑
忽答兒」，《欽定元史語解》改動字面作「僧格達喇」，
「僧格」，唐古特語讀如"sengge"，意即「獅」，「達
喇」，梵語讀如"dara"，意即「救渡」。《元史》卷一三
三「旦只兒」，《欽定元史語解》改動字面作「丹珠爾」，
唐古特語讀如"danjur"，意即「續藏經」。《元史》卷一
四〇「自當」，《欽定元史語解》改動字面作「策丹」，唐
古特語讀如"ts'edan"，意即「全壽」。《元史》卷一三二
作「赤憐」，《欽定元史語解》改動字面作「策凌」，唐古
特語讀如"ts'ering"，意即「長壽」。《元史》卷一三二作
「玉哇失」，《欽定元史語解》改動字面作「約斡實」，回

語讀如"yowaši"，意即「循良」。

人名

欽定元史語解卷二十二

欽定四庫全書

伊珂鄂

伊克努爾　伊克大也努爾而也卷一百四十三作月合乃

蘇爾鄂蘇哈雅　蘇爾威也納蘇道理也哈雅山牆也卷一百四十三作小雲石海涯

補斯阿哈阿鵰

廿二、《欽定元史語解》人名（十四）

《欽定元史語解‧人名》滿漢對照表

順次	滿洲語	漢　字	羅馬拼音	詞　義
1		伊克 努爾	ike nur	蒙古語， 大面
2		蘇爾 約蘇 哈雅	sur yosu haya	蒙古語， 威道理 山牆
3		布斯 哈雅	bus haya	蒙古語， 布山牆
4		德呼 約蘇	dere yosu	蒙古語， 上道理

順次	滿洲語	漢　字	羅馬拼音	詞　義
5		實喇卜藏布	sirab dzangbu	唐古特語，智慧好
6		錫里	sili	蒙古語，平矮山
7		圖嚕岱	turudai	蒙古語，有頭目
8		布哈岱	buhadai	蒙古語，有牝牛
9		卓琳	jorin	滿洲語，指的準頭
10		阿爾噶圖	argatu	滿洲語，牡鏖
11		托和台	togotai	蒙古語，有釜
12		實都奇爾	sidu kir	蒙古語，牙斑點

順次	滿洲語	漢　字	羅馬拼音	詞　義
13		年 達　薩 達	daniyan dasa	滿洲語， 遮避處 修理
14		塔　奇勒 布　哈	takil buha	蒙古語， 祭祀牝牛
15		托　音　布 拉　噶岱	toin bulagadai	蒙古語， 僧 有貂鼠
16		僧　格 達　實	sengge dasi	唐古特語， 獅吉祥
17		伊　納克 實　哩	inak siri	蒙古語， 親和 梵語，威

順次	滿洲語	漢　字	羅馬拼音	詞　義
18		滿達勒 實　哩	mandal siri	蒙古語， 壇城 梵語，威
19		阿哩袞 哈　雅	arigūn haya	蒙古語， 潔淨山牆
20		羅　阿	lo a	唐古特語， 年五
21		塔奇勒	takil	蒙古語， 祭祀
22		特穆爾 托噶 蘇克	temur toga suke	蒙古語， 鐵數目 斧
23		伊埒 岱爾	ile dair	蒙古語， 明顯牡鹿

順次	滿洲語	漢　字	羅馬拼音	詞　義
24		托　雲	toyon	滿洲語， 準頭
25		禪巴沁	can bacin	唐古特語， 小大勇
26		軒達布	hiyan dabu	滿洲語， 上香
27		博　迪	bodi	蒙古語， 菩提
28		克　斯 布　哈	kes buha	蒙古語， 齊坎 牝牛
29		呼圖克 瑪　勒	hūtuk mal	蒙古語， 福牲畜
30		瑪爾結	mar jiye	唐古特語， 紅色開廣

順次	滿洲語	漢　字	羅馬拼音	詞　義
31		博　觀 徹　爾	bogon cer	蒙古語， 裏潔淨
32		希　産	hican	滿洲語， 淡泊
33		昭　努	joonu	
34		實　圖美	situmui	蒙古語， 以頭頂物
35		阿　爾 托　爾噶	ar torga	蒙古語， 有紋之緞
36		安　努	annu	
37		克　特爾 格　爾	kete ger	蒙古語， 火鐮房屋
38		通　古	tunggu	滿洲語， 淵

順次	滿洲語	漢　字	羅馬拼音	詞　義
39		珠巴克	jubak	蒙古語，流水溝
40		青　格	cingge	
41		伊勒都	ildu	蒙古語，腰刀
42		奇　努	kinu	
43		都　呼	dure	蒙古語，馬鐙
44		善　格	šange	
45		塔塔喇	tatara	滿洲語，拉
46		壽果努	šeog'onu	
47		布拉噶台	bulagatai	蒙古語，有貂鼠

順次	滿洲語	漢　字	羅馬拼音	詞　義
48		威　錫 蘇勒坦 汗	oisi sultan han	蒙古語， 回人名 君長
49		阿必鼎	abidin	蒙古語， 回人名
50		庫哩頁 納巴圖	kuriyena batu	蒙古語， 範圍結實
51		聶赫	niyehe	滿洲語， 鴨
52		喀齊喀	kacika	索倫語， 小犬
53		哈準	hajun	滿洲語， 犂刀

順次	滿洲語	漢　字	羅馬拼音	詞　義
54		和 卓 納色爾	hojo naser	蒙古語， 回人名
55		密 藏 達 爾	midzang dar	唐古特語， 好人開廣
56		呼 哩	hūri	滿洲語， 松子
57		哈里巴	haliba	蒙古語， 鷹飄
58		卓 克 達 爾	jok dar	唐古特語， 急快開廣
59		周 齊	jeoci	蒙古語， 佩帶
60		巴 爾	bar	蒙古語， 虎
61		克 納	kena	蒙古語， 回人名

順次	滿洲語	漢　字	羅馬拼音	詞　義
62		烏　都	udu	滿洲語， 幾數
63		密實肯 阿達必	mišiken adabi	蒙古語， 回人名
64		和　達 瑪　鼎	hodamadin	蒙古語， 回人名
65		里　瑪	lima	唐古特語， 有利益
66		聶　呼	niyere	滿洲語， 單弱
67		昭 烏　哷	joo ure	蒙古語， 百子嗣
68		布　格	būge	蒙古語， 巫
69		伊拉瑪	ilama	蒙古語， 桑樹
70		髙　努	g'aonu	

順次	滿洲語	漢　字	羅馬拼音	詞　義
71		格呼勒	gerel	蒙古語，光
72		推勒博奇爾	tuil bokir	蒙古語，極手足不得力
73		實特訥	sitene	蒙古語，依靠
74		喀爾	k'ar	唐古特語，城
75		官努	guwannu	
76		庫嚕默	kurume	滿洲語，褂
77		桑齊	sangci	蒙古語，管倉人
78		巴圖果勒	batu gool	蒙古語，結實河
79		圖德卜勒	tub del	蒙古語，正面袍

順次	滿洲語	漢　字	羅馬拼音	詞　義
80		薩　巴	saba	蒙古語，器皿
81		濟蘭台	jirantai	蒙古語，有六十
82		穆蘇格爾	mūsu ger	蒙古語，冰房屋
83		聶爾科	niyerk'o	唐古特語，集要
84		五台努	utainu	
85		哈尚巴圖	hašang batu	蒙古語，遲鈍結實
86		僧格巴圖	sengge batu	唐古特語，獅 蒙古語，結實

順次	滿洲語	漢　字	羅馬拼音	詞　義
87		阿星宗噶爾	a sing dzung g'ar	唐古特語，五樹城白色
88		阿齊台諾延	acitai noyan	蒙古語，有恩官長
89		達實拉	dasi la	唐古特語，吉祥神
90		結桑	jiye sang	唐古特語，開廣秘密
91		四嘉努	sygiyanu	
92		諾爾	nor	唐古特語，財

順次	滿洲語	漢　字	羅馬拼音	詞　義
93		察格 納爾	cana ger	蒙古語， 那邊房屋
94		濟格 農爾	jinung ger	蒙古語， 名號房屋
95		薩納 巴琳	saba narin	蒙古語， 器皿細
96		圖伊 卜爾	tub ir	蒙古語， 正鋒刃
97		奇扎爾	kijar	蒙古語， 邊疆
98		沙克善	šakšan	滿洲語， 狡滑人
99		烏蘇齊	usuci	蒙古語， 水司事人
100		安扎	anja	滿洲語， 犁

順次	滿洲語	漢　字	羅馬拼音	詞　義
101		蘇勒庫	sulku	滿洲語，花架
102		拉卜台	labtai	蒙古語，誠愨
103		格濟格	gejige	蒙古語，髮辮
104		扎拉固和爾齊	jalagū horci	蒙古語，少壯司箭壺人
105		諤楚肯	ūcuken	蒙古語，些須
106		莽噶爾	mang g'ar	唐古特語，多白色
107		呼爾察和爾齊	hūrca horci	蒙古語，敏捷司箭壺人

順次	滿洲語	漢　字	羅馬拼音	詞　義
108		多托爾	dotor	蒙古語，內
109		綽諾	cono	蒙古語，狼
110		哈喇齊	haraci	蒙古語，瞭望人
111		察罕實喇	cagan sira	蒙古語，白色黃色
112		哈齊濟	haciji	蒙古語，那裡去
113		扎古雅	jagūya	蒙古語，咬
114		阿瑪噶	amaga	滿洲語，後
115		實喇台博羅爾	siratai bolor	蒙古語，有黃色玻璃

順次	滿洲語	漢　字	羅馬拼音	詞　義
116		托　噶　圖　烈	toga tuliye	蒙古語，數目柴
117		鴻　哈	hongha	蒙古語，鈴
118		金嘉努	gingiyanu	
119		巴　喇　噶　齊	baragaci	蒙古語，管理什物人
120		托　台	totai	蒙古語，稀少
121		辉　圖　多　羅　干	hoitu dologan	蒙古語，後七

順次	滿洲語	漢　字	羅馬拼音	詞　義
122		伊 克 巴 圖	ike batu	蒙古語， 大結實
123		伊噌勒 諾　延	irul noyan	蒙古語， 福分官長
124		大嘉努	dagiyanu	
125		博　恰 和爾齊	bokiya horci	蒙古語， 笨司箭 壺人
126		伊勒哈	ilha	滿洲語， 花
127		阿爾圖 敖　拉	artu aola	蒙古語， 有花紋山

順次	滿洲語	漢　字	羅馬拼音	詞　義
128		實巴袞 額布根	sibagūn ebugen	蒙古語， 禽鳥 老人
129		揚珠 格爾	yangju ger	蒙古語， 儀表房屋
130		阿勒巴	alba	蒙古語， 官差
131		扎古納	jagūna	蒙古語， 咬
132		博囉干	borogan	蒙古語， 雨
133		鄂囉 哈瑪爾	oro hamar	蒙古語， 缺耳
134		烏珠	uju	滿洲語， 頭

順次	滿洲語	漢　字	羅馬拼音	詞　義
135		準　圖 哈　雅	juntu haya	蒙古語， 有東山牆
136		實　迪 邁　達　哩	sidi maidari	梵語， 得道 未來佛
137		楚　徹	cuce	蒙古語， 鑿子
138		京　錫	gingsi	滿洲語， 呻吟
139		都　哩 徹　爾	duri cer	蒙古語， 形勢 潔淨
140		阿　達　哈	adaha	滿洲語， 副
141		奇　爾 瑪　拉　噶	kir malaga	蒙古語， 斑點 帽

順次	滿洲語	漢　字	羅馬拼音	詞　義
142		扎呼岱	jahūdai	滿洲語，船
143		婁都沁	luo ducin	蒙古語，龍四十
144		蘇穆齊	sumuci	蒙古語，箭匠
145		達吉	dagi	蒙古語，空行佛
146		浩里伊納克	haoli inak	蒙古語，例親和
147		托察	toca	蒙古語，算入數
148		烏珠木台	ujumtai	蒙古語，有葡萄
149		伊克默色	ike mese	蒙古語，大器械

順次	滿洲語	漢　字	羅馬拼音	詞　義
150		敦珠卜丹	dunjub dan	唐古特語，意成全
151		甘珠爾布哈	g'anjur buha	唐古特語，藏經 蒙古語，牤牛
152		寶格	booge	
153		伊克埒台	ikeletai	蒙古語，有甚多
154		伊瑪都木達	ima dumda	蒙古語，山羊中
155		塔奇呼	takihū	蒙古語，祭祀

順次	滿洲語	漢　字	羅馬拼音	詞　義
156		巴　沁 克 孟	bacin mūngke	唐古特語， 大勇 蒙古語， 經常
157		帕　克	pak	唐古特語， 聖
158		達　哈　拉	dahala	滿洲語， 跟隨
159		扎　拉　台 和　爾　齊	jalatai horci	蒙古語， 有帽纓 司箭壺人
160		實　珠	šiju	
161		納　珠	naju	
162		塔　卜　台 托　歡	tabtai tohon	蒙古語， 順適釜

順次	滿洲語	漢　字	羅馬拼音	詞　義
163		哈坦 圖嚕	hatan turu	蒙古語， 性暴頭目
164		庫琳 特穆爾	kurin temur	蒙古語， 犁花鐵
165		古都斯 多羅干	gudus dologan	蒙古語， 魯鈍七
166		威	oi	蒙古語， 叢林
167		伊嚕 頟森	iru esen	蒙古語， 尋常平安
168		呼嚕古	hūrugū	蒙古語， 手指

順次	滿洲語	漢　字	羅馬拼音	詞　義
169		格　根	gegen	蒙古語，明
170		奇　爾	kir	蒙古語，斑點
171		瑪　哈 嚕　磋	maha ruts'o	梵語，大獅子吼威
172		寶瀟伊	boo man i	
173		哈達遜	hadasun	蒙古語，椿橛
174		必　圖	bitu	蒙古語，幽暗
175		茂蘓蘓	moo susu	蒙古語，不善膽

順次	滿洲語	漢　字	羅馬拼音	詞　義
176		烏爾古 鼐爾圖	urgū nairtu	蒙古語， 滋生 和氣
177		茂圖	mootu	蒙古語， 有不善

資料來源：《欽定四庫全書》，「史部」，《欽定元史語解》，
　　　卷二十二。

　　表中人名，共計一七七人。伊克努爾，蒙古語讀如
"ike nur"，意即「大面」，卷一四三作「月合乃」。蘇
爾約蘇，蒙古語讀如"sur yosu haya"，意即「威道理山
牆」，卷一四三作「小雲石海涯」。布斯哈雅，蒙古語讀
如"bus haya"，意即「布山牆」，卷一四三作「海涯」。
德呼約蘇，蒙古語讀如"dere yosu"，意即「上道理」，
卷一四三作「德流于實」。實喇卜藏布，唐古特語讀如
"sirab dzangbu"，意即「智慧好」，卷一四三作「沙剌臧
卜」。錫里，蒙古語讀如"sili"，意即「平矮山」，卷一
四三作「新李」。圖嚕岱，蒙古語讀如"turudai"，意即
「頭目」，卷一四三作「禿倫歹」。布哈岱，蒙古語讀如
"buhadai"，意即「有牝牛」，卷一四四作「不花歹」。
卓琳，滿洲語讀如"jorin"，意即「指的準頭」，卷一四
四作「尤隣」。阿爾噶圖，滿洲語讀如"argatu"，意即

「牡麞」，卷一四四作「阿兒哈禿」。托和台，蒙古語讀如
"togotai"，意即「有釜」，卷一四四作「脫忽台」。實都
奇爾，蒙古語讀如 "sidu kir"，意即「牙斑點」，卷一四四
作「忻都怯來」。達年達薩，滿洲語讀如 "daniyan dasa"，
意即「遮避處修理」，卷一四四作「達尼達思」。塔奇勒
布哈，蒙古語讀如 "takil buha"，意即「祭祝牝牛」，卷一
四四作「禿堅理不花」。托音布拉噶岱，蒙古語讀如 "toin
bulagadai"，意即「僧有貂鼠」，卷一四四作「妥曰卜魯哈
歹」。僧格達實，唐古特語讀如 "sengge dasi"，意即「獅
吉祥」，卷一四五作「桑哥答思」。伊納克實哩，蒙古語
「伊納克」讀如 "inak"，意即「親和」，梵語「實哩」讀
如 "siri"，意即「威」，卷一四五作「易納室理」。

　　滿達勒實哩，蒙古語「滿達勒」讀如 "mandal"，意
即「壇城」，梵語「實哩」讀如 "siri"，意即「威」，卷
一四五作「馬的室里」。阿哩袞哈雅，蒙古語讀如 "arigūn
haya"，意即「潔淨山牆」，卷一四五作「阿魯渾海牙」。
羅阿，唐古特語讀如 "lo a"，意即「年五」，卷一四五作
「老安」。塔奇勒，蒙古語讀如 "takil"，意即「祭祀」，
卷一四五作「脫吉兒」。特穆爾托噶蘇克，蒙古語讀如
"temur toga suke"，意即「鐵數目斧」，卷一四五作「帖
木兒託忽速哥」。伊埒岱爾，蒙古語讀如 "ile dair"，意即
「明顯牡鹿」，卷一四五作「益老答兒」。托雲，滿洲語
讀如 "toyon"，意即「準頭」，卷一四六作「突欲」。禪
巴沁，唐古特語讀如 "can bacin"，意即「小大勇」，卷一
四六作「常八斤」。軒達布，滿洲語讀如 "hiyan dabu"，
意即「上香」，卷一四六作「咸得卜」，卷一五〇作「咸

得不」。博迪，蒙古語讀如"bodi"，意即「菩提」，卷一四六作「別迭」。克斯布哈，蒙古語讀如"kes buha"，意即「齊坎牤牛」，卷一四六作「可斯不花」。呼圖克瑪勒，蒙古語讀如"hūtuk mal"，意即「福牲畜」，卷一四六作「忽篤馬」。瑪爾結，唐古特語讀如"mar jiye"，意即「紅色開廣」，卷一四六作「麻里扎」。博觀徹爾，蒙古語讀如"bogon cer"，意即「裏潔淨」，卷一四六作「博溫察兒」。希產，滿洲語讀如"hican"，意即「淡泊」，卷一四六作「斜徹」。昭努，讀如"joonu"，卷一四七作「趙奴」，無解義。實圖美，蒙古語讀如"situmui"，意即「以頭頂物」，卷一四七作「神都馬」。阿爾托爾噶，蒙古語讀如"ar torga"，意即「有紋之緞」，卷一四九作「阿魯都罕」。安努，讀如"annu"，卷一四九作「安奴」，無解義。

克特格爾，蒙古語讀如"kete ger"，意即「火鐮房屋」，卷一四九作「可特哥」。通古，滿洲語讀如"tunggu"，意即「淵」，卷一四九作「統古」。珠巴克，蒙古語讀如"jubak"，意即「流水溝」，卷一四九作「著撥」。青格，讀如"cingge"，卷一四九作「青狗」，無解義。伊勒都，蒙古語讀如"ildu"，意即「腰刀」，卷一四九作「移剌都」。奇努，讀如"kinu"，卷一四九作「乞好」，無解義。都哷，蒙古語讀如"dure"，意即「馬鐙」，卷一四九作「獨剌」，卷一五〇作「度剌」，卷二〇五作「朵列」。善格，讀如"šange"，卷一四九作「善哥」，無解義。塔塔喇，滿洲語讀如"tatara"，意即「拉」，卷一四九作「塔塔兒」。壽果努，讀如

"šeog'onu"，卷一四九作「收國奴」，無解義。布拉噶台，蒙古語讀如"bulagatai"，意即「有貂鼠」，卷一四九作「孛魯古台」。威錫蘇勒坦，蒙古語讀如"oisi sultan"，回人名，汗，讀如"han"，意即「君長」，卷一四九作「唯算端罕」。阿必鼎，蒙古語讀如"abidin"，卷一四九作「阿必丁」。庫哩頁納巴圖，蒙古語讀如"kuriyena batu"，意即「範圍結實」，卷一四九作「魁欲那拔都」。聶赫，滿洲語讀如"niyehe"，意即「鴨」，卷一四九作「粘合」。喀齊喀，索倫語讀如"kacika"，意即「小犬」，卷一四九作「合喜」。哈準，滿洲語讀如"hajun"，意即「犁刀」，卷一四九作「合住」。和卓納爾，蒙古語讀如"hojo naser"，回人名，卷一四九作「卜者納失兒」。密藏達爾，唐古特語讀如"midzang dar"，意即「好人開廣」，卷一四九作「禡拶答兒」。

呼哩，滿洲語讀如"hūri"，意即「松子」，卷一四九作「忽里」，卷一九九作「忽剌」。哈里巴，蒙古語讀如"haliba"，意即「鷹飄」，卷一四九作「合里法」。卓克達爾，唐古特語讀如"jok dar"，意即「急快開廣」，卷一四九作「紂答兒」。周齊，蒙古語讀如"jeoci"，意即「佩帶」，卷一四九作「住石」。巴爾，蒙古語讀如"bar"，意即「虎」，卷一四九作「巴兒」。克納，蒙古語讀如"kena"，回人名，卷一四九作「可乃」。烏都，滿洲語讀如"udu"，意即「幾數」，卷一四九作「兀都」。密實肯阿達必，蒙古語讀如"mišiken adabi"，回人名，卷一四九作「換斯干阿答畢」。和達瑪鼎，蒙古語讀如"hodamadin"，回人名，卷一四九作「忽都馬丁」。里

瑪，唐古特語讀如"lima"，意即「有利益」，卷一四九作
「驢馬」。聶呼，滿洲語讀如"niyere"，意即「單弱」，
卷一四九作「捏兒」。昭烏呼，蒙古語讀如"joo ure"，意
即「百子嗣」，卷一四九作「稠斡兒」。布格，蒙古語讀
如"būge"，意即「巫」，卷一四九作「不哥」。伊拉瑪，
蒙古語讀如"ilama"，意即「桑樹」，卷一四九作「曳魯
馬」。高努，讀如"g'aonu"，卷一四九作「高奴」，無解
義。格呼勒，蒙古語讀如"gerel"，意即「光」，卷一五
〇作「庫烈兒」。推勒博奇爾，蒙古語讀如"tuil bokir"，
意即「極手足不得力」，卷一五〇作「脫羅畢察兒」。實
特訥，蒙古語讀如"sitene"，意即「依靠」，卷一五〇作
「瞻德納」。喀爾，唐古特語讀如"k'ar"，意即「城」，
卷一五〇作「侃」。官努，讀如"guwannu"，卷一五〇
作「官奴」，無解義。庫嚕默，滿洲語讀如"kurume"，
意即「褂」，卷一五〇作「庫祿滿」。桑齊，蒙古語讀如
"sangci"，意即「管倉人」，卷一五〇作「倉赤」。

　　巴圖果勒，蒙古語讀如"batu gool"，意即「結實
河」。圖卜德勒，蒙古語讀如"tub del"，意即「正
面袍」，卷一五〇作「脫迭兒」。薩巴，蒙古語讀如
"saba"，意即「器皿」，卷一五〇作「闍別」。濟蘭台，
蒙古語讀如"jirantai"，意即「有六十」，卷一五〇作「只
闌禿」。穆蘇格爾，蒙古語讀如"mūsu ger"，意即「冰
房屋」，卷一五〇作「綿思哥」。聶爾科，唐古特語讀如
"niyerk'o"，意即「集要」，卷一五〇作「捏兒哥」。
五台努，讀如"utaino"，卷一五〇作「五臺奴」，無解
義。哈尚巴圖，蒙古語讀如"hašang batu"，意即「遲鈍

結實」，卷一五〇作「和尚巴都」。僧格巴圖，唐古特語
「僧格」讀如"sengge"，意即「獅」，蒙古語「巴圖」讀
如"batu"，意即「結實」，卷一五〇作「三合拔都」。阿
星宗噶爾，唐古特語讀如"a sing dzung g'ar"，意即「五
樹城白色」，卷一五〇作「阿興鬆哥」。阿齊台諾延，蒙
古語讀如"acitai noyan"，意即「有恩官長」，卷一五〇作
「按亦台那衍」。達實拉，唐古特語讀如"dasi la"，意即
「吉祥神」，卷一五一作「奪失剌」。結桑，唐古特語讀如
"jiye sang"，意即「開廣秘密」，卷一五一作「軍勝」。
四嘉努，讀如"sygiyanu"，卷一五一作「四家奴」，無
解義。諾爾，唐古特語讀如"nor"，意即「財」，卷一五
一作「鬧兒」。察納格爾，蒙古語讀如"cana ger"，意即
「那邊房屋」，卷一五一作「察納合兒」。濟農格爾，蒙古
語讀如"jinung ger"，意即「名號房屋」，卷一五一作「金
那合兒」，卷一九五作「吉尼哥兒」。薩巴納琳，蒙古語讀
如"saba narin"，意即「器皿細」，卷一五一作「撒八耨
隣」。圖卜伊爾，蒙古語讀如"tub ir"，意即「正鋒刃」，
卷一五一作「桃葉兒」。

　　奇扎爾，蒙古語讀如"kijar"，意即「邊疆」，卷一
五一作「糺查剌」。沙克善，滿洲語讀如"šakšan"，意
即「狡滑人」，卷一五一作「瞻閣」，卷一九五作「三
山」。烏蘇齊，蒙古語讀如"usuci"，意即「水司事人」，
卷一五一作「兀速赤」。安扎，滿洲語讀如"anja"，意
即「犁」，卷一五二作「速魯忽」。蘇勒庫，滿洲語讀如
"sulku"，意即「花架」，卷一五二作「速魯忽」。拉卜
台，蒙古語讀如"labtai"，意即「誠恪」，卷一五二作

「刺不台」。格濟格，蒙古語讀如"gejige"，意即「髮辮」，卷一五二作「傑只哥」。扎拉固和爾齊，蒙古語讀如"jalagū horci"，意即「少壯司箭壺人」，卷一五二作「扎刺温火兒赤」。諤楚肯，蒙古語讀如"ūcuken"，意即「些須」，卷一五三作「五出干」。莽噶爾，唐古特語讀如"mang g'ar"，意即「多白色」，卷一五三作「忙哥兒」。呼爾察和爾齊，蒙古語讀如"hūrca horci"，意即「敏捷司箭壺人」，卷一五三作「漢察火兒赤」。多托爾，蒙古語讀如"dotor"，意即「內」，卷一五三作「塔塔兒台」。綽諾，蒙古語讀如"cono"，意即「狼」，卷一五三作「尤乃」，卷一七九作「醜奴」。哈喇齊，蒙古語讀如"haraci"，意即「瞭望人」，卷一五三作「哈藍赤」。察罕實喇，蒙古語讀如"cagan sira"，意即「白色黃色」，卷一五三作「察罕匣刺」。哈齊濟，蒙古語讀如"haciji"，意即「那裡去」，卷一五四作「哈赤吉」。扎古雅，蒙古語讀如"jagūya"，意即「咬」，卷一五四作「着古與」，卷二〇八作「着古歟」。阿瑪噶，滿洲語讀如"amaga"，意即「後」，卷一五四作「阿母罕」。實喇台博羅爾，蒙古語讀如"siratai bolor"，意即「有黃色玻璃」，卷一五四作「闍里台孛羅兒」。托噶圖烈，蒙古語讀如"toga tuliye"，意即「數目柴」，卷一五四作「禿花禿烈」。鴻哈，蒙古語讀如"honha"，意即「鈴」，卷一五四作「黃海」。金嘉努，讀如"gingiyanu"，卷一五四作「金家奴」，無解義。

巴喇噶齊，蒙古語讀如"baragaci"，意即「管理什物人」，卷一五四作「八刺哈赤」。托台，蒙古語讀如"totai"，意即「稀少」，卷一五四作「脫台」，卷一六六

作「都台」。輝圖多羅干，蒙古語讀如"hoitu dologan"，意即「後七數」，卷一五四作「古土禿魯干」。伊克巴圖，蒙古語讀如"ike batu"，意即「大結實」，卷一五四作「也可拔都」。伊嚕勒諾延，蒙古語讀如"irul noyan"，意即「福分官長」，卷一五四作「月兒呂那顏」，卷一六六作「月兒那演」，卷一七五作「月兒魯那演」。大嘉努，讀如"dagiyanu"，卷一五四作「大家奴」，無解義。博恰和爾齊，蒙古語讀如"bokiya horci"，意即「笨司箭壺人」，卷一五四作「奔察火魯赤」。伊勒哈，滿洲語讀如"ilha"，意即「花」，卷一五四作「藥刺海」。阿爾圖敖拉，蒙古語讀如"artu aola"，意即「有花紋山」，卷一五四作「阿脫仰刺」。實巴袞額布根，蒙古語讀如"sibagūn ebugen"，意即「禽鳥老人」，卷一五四作「昔寶味也不干」。揚珠格爾，蒙古語讀如"yangju ger"，意即「儀表房屋」，卷一五五作「燕只哥」。阿勒巴，蒙古語讀如"alba"，意即「官差」，卷一五六作「阿里伯」。扎古納，蒙古語讀如"jagūna"，意即「咬」，卷一五六作「竹忽納」。博囉干，蒙古語讀如"borogan"，意即「雨」，卷一五六作「博魯歡」。鄂囉哈瑪爾，蒙古語讀如"oro hamar"，意即「缺鼻」，卷一五七作「奧魯合蠻」。

烏珠，滿洲語讀如"uju"，意即「頭」，卷一五七作「兀朮」。準圖哈雅，蒙古語讀如"juntu haya"，意即「有東山牆」，卷一五七作「中都海牙」。實迪邁達哩，梵語讀如"sidi maidari"，意即「得道未來佛」，卷一五八作「撒的迷底里」。楚徹，蒙古語讀如"cuce"，意即「鑿子」，卷一五九作「徹徹」。京錫，滿洲語讀如"gingsi"，意即

「呻吟」，卷一六〇作「絳山」。都哩徹爾，蒙古語讀如
"duri cer"，意即「形勢潔淨」，卷一六〇作「掇立察」。
阿達哈，滿洲語讀如"adaha"，意即「副」，卷一六二作
「阿答忽」。奇爾瑪拉噶，蒙古語讀如"kir malaga"，意
即「斑點帽」，卷一六二作「怯里馬哥」。扎呼岱，滿洲語
讀如"jahūdai"，意即「船」，卷一六二作「扎胡打」，卷
一六五作「扎古帶」。婁都沁，蒙古語讀如"luo ducin"，
意即「龍四十」，卷一六二作「魯都赤」。蘇穆齊，蒙古語
讀如"sumuci"，意即「箭匠」，卷一六二作「速木赤」。
達吉，蒙古語讀如"dagi"，意即「空行佛」，卷一六二
作「答機」。浩里伊納克，蒙古語讀如"haoli inak"，意
即「例親和」，卷一六二作「好里燕納」。托察，蒙古語
讀如"toca"，意即「算入數內」，卷一六二作「脫察」。
烏珠木台，蒙古語讀如"ujumtai"，意即「有葡萄」，
卷一六二作「兀斤末台」。伊克默色，蒙古語讀如"ike
mese"，意即「大器械」，卷一六二作「亦黑迷失」。敦
珠卜丹，唐古特語讀如"dunjub dan"，意即「意成全」，
卷一六二作「担只不丁」。甘珠爾布哈，唐古特語「甘珠
爾」讀如"g'anjur"，意即「藏經」，蒙古語「布哈」讀如
"buha"，意即「牝牛」，卷一六二作「甘州不花」。寶
格，讀如"booge"，卷一六二作「寶哥」，無解義。伊克
垮台，蒙古語讀如"ikeletai"，意即「有甚多」，卷一六二
作「亦吉烈台」。

　　伊瑪都木達，蒙古語讀如"ima dumda"，意即「山
羊中」，卷一六三作「亦麻都丁」，卷二〇五作「亦馬都
丁」。塔奇呼，蒙古語讀如"takihū"，意即「祭祀」，

卷一六三作「塔即古」。巴沁孟克，唐古特語「巴沁」讀如“bacin”，意即「大勇」，蒙古語「孟克」讀如“mūngke”，意即「經常」，卷一六三作「八春忙哥」。帕克，唐古特語讀如“pak”，意即「聖」，卷一六五作「畔換」。達哈拉，滿洲語讀如“dahala”，意即「跟隨」，卷一六五作「答火魯」。扎拉台和爾齊，蒙古語讀如“jalatai horci”，意即「有帽纓司箭壺人」，卷一六五作「扎台火兒赤」。實珠，讀如“šiju”，卷一六五作「石柱」，無解義。納珠，讀如“naju”，卷一六五作「拿住」，無解義。塔卜台托歡，蒙古語讀如“tabtai tohon”，意即「順適釜」，卷一六六作「塔不歹朵歡」。哈坦圖嚕，蒙古語讀如“hatan turu”，意即「性暴頭目」，卷一六六作「哈丹禿魯」。庫琳特穆爾，蒙古語讀如“kurin temur”，意即「犂花鐵」，卷一六六作「闊里帖木兒」。古都斯多羅干，蒙古語讀如“gudus dologan”，意即「魯鈍七數」，卷一六六作「古都禿魯干」。威，蒙古語讀如“oi”，意即「叢林」，卷一六六作「兀愛」。伊嚕額林，蒙古語讀如“iru esen”，意即「尋常平安」，卷一六六作「玉論亦撒」。

　　呼嚕古，蒙古語讀如“hūrugū”，意即「手指」，卷一六六作「忽魯虎」。格根，蒙古語讀如“gegen”，意即「明」，卷一六六作「狗狗」。奇爾，蒙古語讀如“kir”，意即「斑點」，卷一六六作「乞兒」。瑪哈嚕磋，梵語讀如“maha ruts’o”，意即「大獅子吼威」，卷一六六作「摩訶羅嵯」。寶滿伊，讀如“boo man i”，卷一六六作「寶滿裔」，無解義。哈達遜，蒙古語讀如“hadasun”，意即「椿橛」，卷一六六作「憨合孫」。必圖，蒙古語讀如

"bitu"，意即「幽暗」，卷一六七作「別怙」。茂蘇蘇，
蒙古語讀如"moo susu"，意即「不善膽」，卷一六七作
「蒙速速」。烏爾古鼐爾圖，蒙古語讀如"urgū nairtu"，
意即「滋生和氣」，卷一六七作「兀魯忽訥特」。茂圖，
蒙古語讀如"mootu"，意即「有不善」，卷一六七作「卯
突」。

　　表中人名，以宗教信仰詞彙為名，反映藏傳佛教在
元朝社會的盛行。托音（toin），意即「僧」。滿達勒
（mandal），意即「壇城」。博迪（bodi），意即「菩
提」。實迪邁達哩（sidi maidari），意即「得道未來佛」。
達吉（dagi），意即「空行佛」。甘珠爾（g'anjur），意即
「藏經」。

　　以飛禽走獸為名，是草原社會的共同習俗。實巴袞
（siba gūn），意即「禽鳥」。瑪勒（mal），意即「牲
畜」。聶赫（niyehe），意即「鴨」。布拉噶（bulaga），
意即「貂鼠」。喀齊喀（kacika），意即「小犬」。巴爾
（bar），意即「虎」。綽諾（cono），意即「狼」。阿爾噶
（arga），意即「牡麞」。布哈（buha），意即「牝牛」。
岱爾（dair），意即「牡鹿」。僧格（sengge）、嚕磋
（ruts'o），意即「獅子」。伊瑪（ima），意即「山羊」。
婁（luo），意即「龍」。藏傳佛教詞彙以及草原社會禽獸
對命名習俗，都提供珍貴的資料。

欽定四庫全書

茂圖

茂不善之謂圖有也卷
一百六十七作夘哭

欽定元史語解卷二十二

欽定元史語解卷二十二

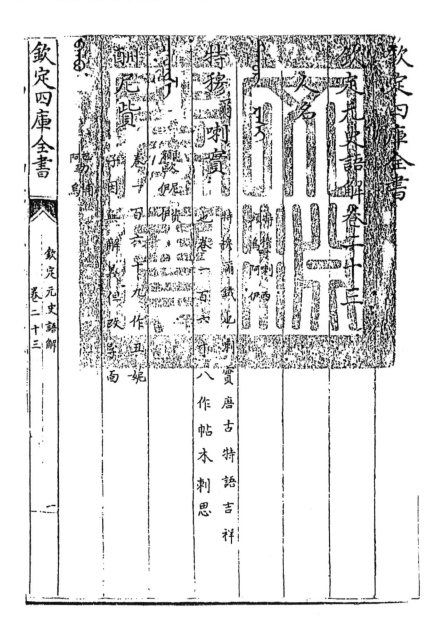

廿三、《欽定元史語解》人名（十五）

《欽定元史語解‧人名》滿漢對照表

順次	滿洲語	漢　字	羅馬拼音	詞　義
1		特穆爾喇實	temur rasi	蒙古語，鐵 唐古特語，吉祥
2		翀尼貲	ceonidz	
3		巴勒布	balbu	蒙古語，西藏部落名
4		雅蘇袞	yasu gun	蒙古語，骨深
5		哈喇鄂拓克齊	hara otokci	蒙古語，黑色司部屬人

順次	滿洲語	漢　字	羅馬拼音	詞　義
6		察罕鄂 拓克齊	cagan otokci	蒙古語， 白色司 部屬人
7		巴鄂特	ba ot	唐古特語， 人光
8		戒努	giyenu	
9		特濟格	tejige	蒙古語， 養育
10		奇爾 實呼台	kir siretai	蒙古語， 玫點 有床
11		裕嚕 伊納克	yu ru inak	蒙古語， 甚親近

順次	滿洲語	漢　字	羅馬拼音	詞　義
12		托迪 賣克	todi sik	蒙古語， 鸚鵡相似
13		伊哷伯	irebe	蒙古語， 已來
14		珠爾 徹爾岱	jur cerdai	蒙古語， 麤有潔淨
15		阿哩袞 薩里	arigūn sali	蒙古語， 潔淨地弩
16		穆舒哩	mušuri	滿洲語， 高麗夏布
17		博斯呼	bashū	蒙古語， 起立

順次	滿洲語	漢　字	羅馬拼音	詞　義
18		哈巴　尚爾圖	hašang batur	蒙古語，遲鈍勇
19		圖卜　魯台	tulubtai	蒙古語，有形像
20		濟　蘭	jiran	蒙古語，六十
21		哈　扎爾	hajar	蒙古語，轡
22		哈黙　陶色	hatao mese	蒙古語，剛器械
23		德巴拉	de bala	唐古特語，安 梵語，守護
24		圖圖　爾哈	tuturha	蒙古語，稻

順次	滿洲語	漢　字	羅馬拼音	詞　義
25		扎克丹 巴克實	jakdan baksi	滿洲語， 松樹師
26		拉　旺	lawang	唐古特語， 神權
27		布　哈 綽　克	buha cok	蒙古語， 牤牛威
28		索約勒	soyol	蒙古語， 化
29		伊濟台	ijitai	蒙古語， 有全副
30		伊　嚕	iru	蒙古語， 尋常
31		都　哩 默　色	duri mese	蒙古語， 骨格器械

順次	滿洲語	漢　字	羅馬拼音	詞　義
32		伯奇里克 布　哈	bekilik buha	蒙古語， 壯實牝牛
33		哈　濟 賽　音	haji sain	滿洲語， 親好
34		旺　布	wangbu	唐古特語， 權
35		沁薩巴	cin saba	唐古特語， 大， 蒙古語， 器皿
36		達　蘭 布　哈	dalan buha	蒙古語， 七十牝牛
37		哈扎爾 布　哈	hajar buha	蒙古語， 轡牝牛

順次	滿洲語	漢　字	羅馬拼音	詞　義
38		沙克嘉巴勒	šakjiya bal	唐古特語，手印威
39		鄂倫圖	orontu	蒙古語，有缺
40		呼察圖	hūcatu	蒙古語，有未騸羊
41		格爾	ger	蒙古語，房屋
42		鈕鈕	nionio	滿洲語，瞳人
43		實勒	sil	蒙古語，琉璃
44		婁達實	luo dasi	蒙古語，龍 唐古特語，吉祥
45		伊敦	idun	滿洲語，粗澁
46		烏德美	udemui	蒙古語，送

順次	滿洲語	漢　字	羅馬拼音	詞　義
47		哈　喇 諤勒哲	hara ūljei	蒙古語， 黑色壽
48		穆　爾 古　實	mur guši	蒙古語， 踪跡 繙經人
49		拜珠克	bai juk	蒙古語， 不動方向
50		魯　庫	luku	滿洲語， 草木厚密
51		烏　哲	uje	蒙古語， 看
52		羅卜和	lobho	蒙古語， 淖泥
53		奇徹濟	kiceci	蒙古語， 已勤
54		格　根 布　哈	gegen buha	蒙古語， 明牤牛

順次	滿洲語	漢　字	羅馬拼音	詞　義
55		酬格	ceoge	
56		莽賚 阿楚克	manglai acuk	蒙古語， 首先工錢
57		多倫 實喇卜	dolon sirab	蒙古語， 七數 唐古特語， 聰明
58		伊埒圖 巴圖	ile batu	蒙古語， 明顯結實
59		哈塔斯 古	hatagūs	蒙古語， 堅強
60		古爾班 哈雅	gūrban haya	蒙古語， 三山牆

順次	滿洲語	漢　字	羅馬拼音	詞　義
61		博　索	boso	滿洲語， 山陰
62		伊　遜 特穆　爾	isun temur	蒙古語， 九數鐵
63		班　格	bange	
64		穆　爾	mur	蒙古語， 踪跡
65		海瑠丹	hailiodan	蒙古語， 有水獺
66		錫卜沙 魯	sibsa lu	唐古特語， 分別龍
67		多　喇 德　濟	doora deji	蒙古語， 下上分
68		大勝努	dašengnu	

順次	滿洲語	漢　字	羅馬拼音	詞　義
69		奎瑪里	koimalli	滿洲語，狡詐
70		布延 薩里	buyan sali	蒙古語，福地弩
71		古實 哈雅	guši haya	蒙古語，繙經人山牆
72		多爾	dor	唐古特語，巴令
73		綽羅	colo	滿洲語，號
74		瑪哈 實哩	maha siri	梵語，大威
75		努章	nur jang	蒙古語，面性情

順次	滿洲語	漢　字	羅馬拼音	詞　義
76		額 森 都 呼	esne dure	蒙古語，平安鐙
77		哈 奇 爾	hakir	蒙古語，廠地
78		明 安 圖	minggantu	蒙古語，有千數
79		莽 賚	manglai	蒙古語，首先
80		阿 爾 展	arjan	滿洲語，奶酒
81		穆 壘 丹	muruidan	蒙古語，有彎曲
82		保 賽 音 布 哈	boo sain buha	蒙古語，好鳥槍牤牛
83		納 喇 丹	naradan	蒙古語，有日

順次	滿洲語	漢　字	羅馬拼音	詞　義
84		蘇齊 濟格黙	cisu megeji	蒙古語， 血 母野猪
85		唐古特 音扎噶	tanggūt injaga	蒙古語， 西番黃羊羔
86		塔塔森 岱　爾	tatasen dair	蒙古語， 拉牝鹿
87		布　延 蘇達勒	buyan sudal	蒙古語， 福脈
88		齊哩 克岱	cirikdai	蒙古語， 有兵
89		徹辰台	cecentai	蒙古語， 有聰明

順次	滿洲語	漢　字	羅馬拼音	詞　義
90		瑪雅噶	mayaga	蒙古語，打油石接盤
91		孟古哈雅	munggu haya	蒙古語，銀山牆
92		威遜	oisun	蒙古語，樺皮
93		齊齊克	cicik	蒙古語，花
94		約赫德	yoo hede	滿洲語，瘡底盤
95		舒嚕	šuru	滿洲語，珊瑚
96		烏登	uden	滿洲語，中伙處
97		巴薩	basa	滿洲語，工錢
98		濟嚕齊海	jiruhaici	唐古特語，會算法人

順次	滿洲語	漢　字	羅馬拼音	詞　義
99		托克 托鄂	toktonai	蒙古語， 定
100		貴格	guige	
101		泰珠	taiju	
102		茂罕	moohan	蒙古語， 庸劣
103		達瑪 爾拉 巴哩 實	darma bala siri	梵語， 法守護 威
104		伊特 扎實 琳沁	it jasi rincin	唐古特語， 心吉祥 寶

順次	滿洲語	漢　字	羅馬拼音	詞　義
105		策喇巴鄂嘉 實爾勒	ts'e rasi ba or jiyl	唐古特語，壽吉祥 勇 勝
106		桑嘉實扎 依	sangjiyai jasi	唐古特語，佛吉祥
107		班珠爾 戩藏	banjur jiyan dzang	唐古特語，集善 有好
108		袞扎喇 克實	gun jak rasi	唐古特語，普聲揚 吉祥

順次	滿洲語	漢　字	羅馬拼音	詞　義
109		果達木 實哩	g'oodam siri	梵語， 瞿曇威
110		必嚕匝 納實哩	birudzana siri	梵語， 毘盧佛威
111		嘉勒斡 密迪哩	jiyalwa midiri	唐古特語， 勝 梵語， 慈
112		袞噶實 伊戬	gung'a isi jiyan	唐古特語， 普喜 有智慧
113		哈喇 巴爾	hara bar	蒙古語， 黑色虎

順次	滿洲語	漢　字	羅馬拼音	詞　義
114		呼圖克齊德濟	hūtukci deji	蒙古語，有福人上分
115		必呼實勒	bisirel	蒙古語，恭敬
116		伊克烏蘭	ike ulan	蒙古語，大紅色
117		布濟木勒	bun jil	唐古特語，億年
118		阿僧格	a sengge	唐古特語，五獅
119		阿咱爾	adzar	梵語，僧

順次	滿洲語	漢　字	羅馬拼音	詞　義
120		僧　格 丹　巴	sengge damba	唐古特語， 獅教
121		蘇　格	suge	
122		濟　雅岱	jiyadai	蒙古語， 有命
123		吉　達	gida	滿洲語， 槍
124		濟　璸	jibin	滿洲語， 網宻
125		蘇　海	suhai	蒙古語， 三川柳
126		吉　爾迪	girdi	梵語， 聲揚
127		斡　爾宻	warmi	梵語， 甲
128		且　琳沁	ciye rincin	唐古特語， 大寶

順次	滿洲語	漢　字	羅馬拼音	詞　義
129		巴　爾 和　卓	bar hojo	蒙古語， 虎 回語，美
130		伊　德　爾 布　哈	ider buha	蒙古語， 壯年牝牛
131		添　寶　努	tiyamboonu	
132		禄　格	luge	
133		哈　齋　濟	hajaiji	蒙古語， 已歪
134		赫　辰	hecen	滿洲語， 城
135		青 托　果　斯	cing togos	蒙古語， 誠孔雀

順次	滿洲語	漢　字	羅馬拼音	詞　義
136		堪恭古	k'an gung gu	唐古特語，住持 上身
137		舒蘇布哈	šušu buha	蒙古語，廩給牝牛
138		布德矩達	buda de gioi	梵語，佛 唐古特語，安 蒙古語，十
139		古伊特	go it	唐古特語，身心
140		巴圖罕	batuhan	蒙古語，微結實
141		托克孟古岱	tok munggudai	蒙古語，定有銀

順次	滿洲語	漢　字	羅馬拼音	詞　義
142		珠格爾	juger	蒙古語， 閑
143		鼐珠丹卜丹	nai jub dan	唐古特語， 地方 成全
144		訥呼丹	neredan	蒙古語， 有名
145		和琳雅哈哈	horin haya	蒙古語， 二十山牆
146		哈喇音托特	hara toin	蒙古語， 黑色僧
147		色爾特依	seterdai	蒙古語， 有綢條
148		烏瑪喇巴圖	umara batu	蒙古語， 牝結實

順次	滿洲語	漢　字	羅馬拼音	詞　義
149		密拉 薩巳	mila saba	蒙古語， 鞭器皿
150		伊勒 吉岱	ilgidai	蒙古語， 有毛皮
151		綽勒漫	colmon	蒙古語， 亮星
152		奇塔特 托音	kitat toin	蒙古語， 漢人僧
153		布雅 喀實	buyakasi	滿洲語， 碎小
154		伊蘭	ilan	回語， 蛇
155		圖古 德埒 克	tu gu de lek	唐古特語， 力身 安樂

順次	滿洲語	漢　字	羅馬拼音	詞　義
156		噶扎爾 哈雅	gajar haya	蒙古語， 地山牆

資料來源：《欽定四庫全書》，「史部」，《欽定元史語解》，
　　卷二十三。

　　表中人名，共計一五六人。特穆爾喇實，蒙古語「特
穆爾」讀如"temur"，意即「鐵」，唐古特語「喇實」讀
如"rasi"，意即「吉祥」，卷一七八作「帖木剌思」。酬
尼貲，讀如"ceonidz"，卷一六九作「丑妮」，無解義。
巴勒布，蒙古語讀如"balbu"，西藏一小部落名，卷一六
九作「班卜」。雅蘇袞，蒙古語讀如"yasu gun"，意即
「骨深」，卷一六九作「也速古」。哈喇鄂拓克齊，蒙古
語讀如"hara otokci"，意即「黑色司部屬人」，卷一六
九作「哈喇斡脫赤」。察罕鄂拓克齊，蒙古語讀如"cagan
otokci"，意即「白色司部屬人」，卷一六九作「察罕斡脫
赤」。巴鄂特，唐古特語讀如"ba ot"，意即「人光」，
卷一六九作「孛完」。戒努，讀如"giyenu"，卷一六九作
「界奴」，無解義。特濟格，蒙古語讀如"tejige"，意即
「養育」，卷一七〇作「答即古」。奇爾實呼台，蒙古語讀
如"kir siretai"，意即「斑點有床」，卷一七〇作「乞實力
台」。裕嚕伊納克，蒙古語讀如"yuru inak"，意即「甚親
近」，卷一七三作「咬剌也奴」。托迪實克，蒙古語「托

迪」讀如“todi”，意即「鸚」，「實克」實如“sik”，意
即「相似，」卷一作七三「塔的失」。伊呼伯，蒙古語讀
如“irebe”，意即「已來」，卷一七三作「月林伯」。珠爾
徹爾岱，蒙古語讀如“jur cerdai”，意即「麁有潔淨」，卷
一七三作「尤兒赤帶」。阿哩袞薩里，蒙古語讀如“arigūn
sali”，意即「潔淨地弩」，卷一七三作「阿里渾撒里」。
穆舒哩，滿洲語讀如“mušuri”，意即「高麗夏布」，卷一
七三作「滅貴里」。博斯呼，蒙古語讀如“boshū”，意即
「起立」，卷一七四作「別速合」。

　　哈尚巴圖爾，蒙古語讀如“hašang batur”，意即「遲
鈍勇」，卷一七四作「和上拔都魯」。濟蘭，蒙古語讀如
“jiran”，意即「六十」，卷一七五作「即烈」。哈扎爾，
蒙古語讀如“hajar”，意即「轡」，卷一七七作「哈散」。
哈陶默色，蒙古語讀如“hatao mese”，意即「剛器械」，
卷一七七作「哈的迷失」。德巴拉，唐古特語「德」讀如
“de”，意即「安」，梵語「巴拉」讀如“bala”，意即
「守護」，卷一七八作「第八剌」。圖圖爾哈，蒙古語讀如
“tuturha”，意即「稻」，卷一七九作「禿忒哈」。扎克丹
巴克實，滿洲語讀如“jakdan baksi”，意即「松樹師」，卷
一七九作「招燈必舍」。拉旺，唐古特語讀如“lawang”，
意即「神權」，卷一七九作「老瓦」。布哈綽克，蒙古語
讀如“buha cok”，意即「牤牛威」，卷一八〇作「不華
出」。索約勒，蒙古語讀如“soyol”，意即「教化之化」，
卷一八〇作「胥益爾」。伊濟台，蒙古語讀如“ijitai”，意
即「有全副」，卷一八〇作「野峻台」。伊嚕，蒙古語讀
如“iru”，意即「尋常」，卷一八〇作「月魯」。都哩默

色，蒙古語讀如 "duri mese"，意即「骨格器械」，卷一八一作「都兒迷失」，又作「篤彌實」。伯奇里克布哈，蒙古語讀如 "bekilik buha"，意即「壯實牡牛」，卷一八二作「別怯里不花」。哈濟賽音，滿洲語讀如 "haji sain"，意即「親好」，卷一八二作「哈只蔡衍」。旺布，唐古特語讀如 "wangbu"，意即「權」，卷一八二作「完卜」。沁薩巴，唐古特語「沁」讀如 "cin"，意即「大」，蒙古語「薩巴」讀如 "saba"，意即「器皿」，卷一八二作「慶善八」。

達蘭布哈，蒙古語讀如 "dalan buha"，意即「七十牡牛」，卷一八二作「答蘭不花」。哈扎爾布哈，蒙古語讀如 "hajar buha"，意即「轡牡牛」，卷一八四作「杭州不花」。沙克嘉巴勒，唐古特語讀如 "šakjiya bal"，意即「手印威」，卷一八四作「沙加班」。鄂倫圖，蒙古語讀如 "orontu"，意即「有缺」，卷一八五作「斡玉倫徒」。呼察圖，蒙古語讀如 "hūcatu"，意即「有未騸羊」，卷一八六作「虎者禿」。格爾，蒙古語讀如 "ger"，意即「房屋」，卷一八六作「狗兒」。鈕鈕，滿洲語讀如 "nioniu"，意即「瞳人」，卷一八六作「奴奴」。實勒，蒙古語讀如 "sil"，意即「琉璃」，卷一八六作「山兒」。婁達實，蒙古語讀如 "luo"，意即「龍」，唐古特語「達實」讀如 "dasi"，意即「吉祥」，卷一八六作「老的沙」。伊敦，滿洲語讀如 "idun"，意即「粗澀」，卷一八六作「宜童」。烏德美，蒙古語讀如 "udemui"，意即「送」，卷一八七作「兀突蠻」。哈喇諤勒哲，蒙古語讀如 "hara ūljei"，意即「黑色壽」，卷一八七作「哈喇完

者」。穆爾古實，蒙古語讀如 “mur guši”，意即「踪跡繙經人」，卷一八八作「邁里古思」。拜珠克，蒙古語讀如 “bai juk”，意即「不動方向」，卷一八八作「拜住哥」。魯庫，滿洲語讀如 “luku”，意即「草木厚密」，卷一九〇作「魯坤」。烏哲，蒙古語讀如 “uje”，意即「看」，卷一九〇作「斡直」。羅卜和，蒙古語讀如 “lobho”，意即「淖泥」，卷一九二作「羅鍋」。奇徹濟，蒙古語讀如 “kiceji”，意即「已勤」，卷一九二作「燮徹堅」。格根布哈，蒙古語讀如 “gegen buha”，意即「明牡牛」，卷一九三作「葛葛不罕」。酬格，讀如 “ceoge”，卷一九三作「丑哥」，無解義。

　莽賚阿楚克，蒙古語讀如 “manglai acuk”，意即「首先工錢」，卷一九三作「明里也赤哥」。多倫實喇卜，蒙古語「多倫」讀如 “dolon”，意即「七數」，唐古特語「實喇卜」讀如 “sirab”，意即「聰明」，卷一九三作「脫倫闍里必」。伊埒巴圖，蒙古語讀如 “ile batu”，意即「明顯結實」，卷一九三作「也伯里禿」。哈塔古斯，蒙古語讀如 “hatagūs”，意即「堅強」，卷一九三作「何都兀赤」。古爾班哈雅，蒙古語讀如 “gūrban haya”，意即「三山牆」，卷一九三作「課兒伯海牙」。博索，滿洲語讀如 “boso”，意即「山陰」，卷一九三作「白佐」。伊遜特穆爾，蒙古語讀如 “isun temur”，意即「九鐵」，卷一九四作「也孫帖木兒」。斑格，讀如 “bange”，卷一九四作「伴哥」，無解義。穆爾，蒙古語讀如「踪跡」，卷一九四作「木爾」。海瑠丹，蒙古語讀如 “hailiodan”，意即「有水獺」，卷一九四作「海魯丁」。錫卜沙魯，唐古特語讀如 “sibša lu”，

意即「分別龍」，卷一九四作「西山驢」。多喇德濟，蒙古語讀如 "doora deji"，意即「上下分」，卷一九五作「朵爾的斤」。大勝努，讀如 "dašengnu"，卷一九五作「大聖奴」，無解義。奎瑪里，滿洲語讀如 "koimali"，意即「狡詐」，卷一九五作「顧馬兒」。布延薩里，蒙古語讀如 "buyan sali"，意即「福地弩」，卷一九五作「普庵撒里」。古實哈雅，蒙古語讀如 "guši haya"，意即「繙經人山牆」，卷一九五作「桂山海牙」。多爾，唐古特語讀如 "dor"，意即「巴令」，卷一九五作「朵兒」。綽羅，滿洲語讀如 "colo"，意即「號」，卷一九五作「丑閭」。

瑪哈實哩，梵語讀如 "maha siri"，意即「大威」，卷一九五作「馬哈失力」。努爾章，蒙古語讀如 "nur jang"，意即「面性情」，卷一九五作「紐真」。額森都呼，蒙古語讀如 "esen dure"，意即「平安鐙」，卷一九五作「阿撒都剌」。哈奇爾，蒙古語讀如 "hakir"，意即「廠地」，卷一九五作「哈乞」。明安圖，蒙古語讀如 "minggantu"，意即「有千數」，卷一九五作「民安圖」。莽賚，蒙古語讀如 "manglai"，意即「首先」，卷一九五作「馬來」。阿爾展，滿洲語讀如 "arjan"，意即「奶酒」，卷一九六作「阿魯真」。穆壘丹，蒙古語讀如 "muruidan"，意即「有彎曲」，卷一九六作「穆魯丁」。保賽音布哈，蒙古語讀如 "boo sain buha"，意即「好鳥槍牤牛」，卷一九六作「朴賽因不花」。納喇丹，蒙古語讀如 "naradan"，意即「有日」，卷一九七作「納魯丁」。齊蘇默格濟，蒙古語讀如 "cisu megeji"，意即「血母野猪」，卷一九七作「赤思馬改住」。唐古特音扎噶，唐古特語讀如

"tanggūt injaga"，意即「西番黃羊羔」，卷一九七作「唐兀歹晏只哥」。塔塔森岱爾，蒙古語讀如 "tatasen dair"，意即「拉牡鹿」，卷一九七作「塔塔思歹」。布延蘇達勒，蒙古語讀如 "buyan sudal"，意即「福脈」，卷一九七作「畢也速答立」。齊哩克岱，蒙古語讀如 "cirikdai"，意即「有兵」，卷一九七作「怯烈歹」。徹辰台，蒙古語讀如 "cecentai"，意即「有聰明」，卷一九七作「徹徹担」。瑪雅噶，蒙古語讀如 "mayaga"，意即「打油石接盤」，卷一九七作「馬押忽」。孟古哈雅，蒙古語讀如 "munggu haya"，意即「銀山牆」，卷一九七作「忙古海牙」。

　　威遜，蒙古語讀如 "oisun"，意即「樺皮」，卷一九七作「外僧」。齊齊克，蒙古語讀如 "cicik"，意即「花」，卷一九七作「秋秋」。約赫德，滿洲語讀如 "yoo hede"，意即「瘡底盤」，卷一九九作「牙兀觲」。舒嚕，滿洲語讀如 "šuru"，意即「珊瑚」，卷一九九作「石魯」。烏登，滿洲語讀如 "uden"，意即「中伙處」，卷一九九作「兀典」。巴薩，滿洲語讀如 "basa"，意即「工錢」，卷一九九作「白撒」。濟嚕海齊，唐古特語讀如 "jiruhaisi"，意即「會算法人」，卷二〇〇作「只魯花真」。托克托鼐，蒙古語讀如 "toktonai"，意即「定」，卷二〇〇作「脫脫尼」。貴格，讀如 "guige"，卷二〇〇作「貴哥」，無解義。泰珠，讀如 "taiju"，卷二〇〇作「太尤」，無解義。茂罕，蒙古語讀如 "moohan"，意即「庸劣」，卷二〇〇作「卯罕」。達爾瑪巴拉實哩，梵語讀如 "darma bala siri"，意即「法守護威」，卷二〇二作「答兒麻八剌乞列」。伊特扎實琳沁，唐古特語讀如 "it jasi rincin"，意即「心吉祥

寶」，卷二〇二作「亦攝思連真」。策喇實巴鄂爾嘉勒，唐
古特語讀如 "ts'e rasi ba or jil"，意即「壽吉祥勇勝」，卷
二〇二作「乞剌斯八斡節兒」。桑嘉依扎實，唐古特語讀
如 "sangjiyai jasi"，意即「佛吉祥」，卷二〇二作「相兒
加思」。班珠爾戩藏，唐古特語讀如 "banjur jiyan rasi"，
意即「集善有好」，卷二〇二作「班出兒堅藏」。袞扎
克喇實，唐古特語讀如 "gun jak rasi"，意即「普聲揚吉
祥」，卷二〇二作「功嘉葛剌思」。果達木實哩，梵語讀如
"g'oodam siri"，意即「瞿曇威」，卷二〇二作「古達麻失
利」。

　　　必嚕匝納實哩，梵語讀如 "birudzana siri"，意即「毘
盧佛威」，卷二〇二作「必蘭納識里」。嘉勒斡密迪哩，
唐古特語「嘉勒斡」讀如 "jiyalwa"，意即「勝」，梵
語「密迪哩」讀如 "midiri"，意即「慈」，卷二〇二作
「只剌瓦彌的理」。袞噶伊實戩，唐古特語讀如 "gung'a
isi jiyan"，意即「普喜有智慧」，卷二〇二作「公哥亦
思監」。哈喇巴爾，蒙古語讀如 "hara bar"，意即「黑
虎」，卷二〇二作「合兒八剌」。呼圖克齊德濟，蒙古語
讀如 "hūtukci deji"，意即「有福人上分」，卷二〇二作
「忽禿赤的斤」。必實呼勒，蒙古語讀如 "bisirel"，意
即「恭敬」，卷二〇二作「別沙兒」。伊克烏蘭，蒙古語
讀如 "ike ulan"，意即「大紅色」，卷二〇三作「也可兀
蘭」。布木濟勒，唐古特語「布木」讀如 "bum"，意即
「億數」，蒙古語「濟勒」讀如 "jil"，意即「年」，卷二
〇三作「富謀只」。阿僧格，唐古特語讀如 "a sengge"，
意即「五獅」，卷二〇三作「阿僧哥」。阿咱爾，梵語讀

如“adzar”，意即「僧」，卷二〇三作「阿述臘」。僧格丹巴，唐古特語讀如“sengge damba”，意即「獅教」，卷二〇五作「桑哥膽巴」。蘇格，讀如“suge”，卷二〇五作「速哥」，無解義。濟雅岱，蒙古語讀如“jiyadai”，意即「有命」，卷二〇五作「乞牙帶」。吉達，滿洲語讀如“gida”，意即「槍」，卷二〇五作「吉丁」。濟璸，滿洲語讀如“jibin”，意即「網罟」，卷二〇五作「只必因」。蘇海，蒙古語讀如“suhai”，意即「三川柳」，卷二〇五作「唆海」。吉爾迪，梵語讀如“girdi”，意即「聲揚」，卷二〇五作「吉的」。

　　斡爾密，梵語讀如“warmi”，意即「甲」，卷二〇五作「哇兒瑪」。且琳沁，唐古特語讀如“ciye rincin”，意即「大寶」，卷二〇五作「伽璘真」。巴爾和卓，蒙古語「巴爾」讀如“bar”，意即「虎」，回語「和卓」讀如“hojo”，意即「美稱」，卷二〇七作「八剌火者」。伊德爾布哈，蒙古語讀如“ider buha”，意即「壯年牡牛」，卷二〇七作「亦只兒不花」。添寶努，讀如“tiyam boonu”，卷二〇七作「天寶奴」，無解義。祿格，讀如“luge”，卷二〇八作「六哥」，無解義。哈齋濟，蒙古語讀如“hajaiji”，意即「已歪」，卷二〇八作「哈只吉」。赫辰，滿洲語讀如“hecen”，意即「城」，卷二〇八作「合臣」。青托果斯，蒙古語讀如“cing togos”，意即「誠孔雀」，卷二〇八作「慶都忽思」。堪恭古，唐古特語讀如“k'an gung gu”，意即「住持上身」，卷二〇八作「堪古苦」。舒蘇布哈，蒙古語讀如“šusu buha”，意即「廩給牡牛」，卷二〇八作「喜速不瓜」。布達德矩，梵語「布達」

讀如"buda"，意即「佛」，唐古特語「德」讀如"de"，
意即「安」，「矩」讀如"gioi"，意即「十」，卷二○八
作「蒲桃迪巨」。古伊特，唐古特語讀如"gu it"，意即
「身心」，卷二○八作「古乙獨」。巴圖罕，蒙古語讀如
"batuhan"，意即「微結實」，卷二○八作「別同瓦」。
托克孟古岱，蒙古語讀如"tok munggudai"，意即「定有
銀」，卷二○八作「托忙古觶」。

　　珠格爾，蒙古語讀如"juger"，意即「閑」，卷二○八
作「尤合兒」。鼐珠卜丹，唐古特語讀如"nai jub dan"，
意即「地方成全」，卷二○九作「聶只陌丁」，卷二一○
作「捏只不丁」。訥呼丹，蒙古語讀如"neredan"，意即
「有名」，卷二○九作「訥剌丁」。和琳哈雅，蒙古語讀
如"horin haya"，意即「二十山牆」，卷二○九作「忽籠
海牙」。哈喇托音，蒙古語讀如"hara toin"，意即「黑
僧」，卷二○九作「哈剌脫因」。色特爾岱，蒙古語讀如
"seterdai"，意即「有馬尾上拴的綢條」，卷二○九作
「撒答兒觶」。烏瑪喇巴圖，蒙古語讀如"umara batu"，
意即「牝結實」，卷二○九作「烏馬兒拔都」。密拉薩
巴，蒙古語讀如"mila saba"，意即「鞭器皿」，卷二○
九作「明里昔班」。伊勒吉岱，蒙古語讀如"ilgidai"，意
即「有去毛皮」，卷二○九作「亦里吉觶」。綽勒漫，蒙
古語讀如"colmon"，意即「亮星」，卷二○九作「徹里
蠻」。奇塔特托音，蒙古語讀如"kitat toin"，意即「漢
人僧」，卷二一○作「乞觶脫因」。布雅喀實，滿洲語讀
如"buyakasi"，意即「碎小」，卷二一○作「卜云失」。
伊蘭，回語讀如"ilan"，意即「蛇」，卷二一○作「亞

闌」。圖古德埒克，唐古特語讀如“tu gu de lek”，意即
「力身安樂」，卷二一〇作「土虎登哥」。噶扎爾哈雅，蒙
古語讀如“gajar haya”，意即「地山牆」，卷二一〇作「哈
撒兒海牙」。

　　表中人名，有其命名特色，以數目命名，是普遍的命
名習俗。古爾班（gūrban），意即「三」。阿（a），意即
「五」。多倫（dolon），意即「七」。伊遜（isun），意
即「九」。矩（gioi），意即「十」。和琳（horin），意即
「二十」。濟蘭（jiran），意即「六十」。達蘭（dalan），
意即「七十」。明安（minggan），意即「千」。布木
（bum），意即「億」。

　　以飛禽走獸命名，頗具意義。托迪（todi），意即「鸚
鵡」。托果斯（togos），意即「孔雀」。珠爾（jur），
意即「麅」。岱爾（dair），意即「牡鹿」。音扎噶
（injaga），意即「黃羊羔」。默格濟（megeji），意即「母
野猪」。海瑠（hailio），意即「水獺」。布哈（buha），意
即「牡牛」。巴爾（bar），意即「虎」。僧格（sengge），
意即「獅」。魯（lu），意即「龍」。以數目、飛禽走獸為
名，為命名習俗提供珍貴的資料。

欽定四庫全書

欽定元史語解卷二十四

按元以蒙古語為本語解内
但釋解義概不複注蒙古語
其中姓氏地名官名人名無
解義者俱以蒙古源流考今
地名八旗姓氏通譜
官名改字面訂之
解義者俱以蒙古源流考今

名物
　按名物之為類至繁而載于史者蓋鮮濟遜塔
　納之屬數卷中僅一二見然如辰來之為佛事
　亦名也隆科爾之為風輪亦物也今
　悉并入名物依卷編次以備考覈

克琳蘇嚕克
　額伊蘇烏覽
　珂圖蘇覽
　野外馬羣也卷
　一作乞列思

廿四、《欽定元史語解》名物

《欽定元史語解‧名物》滿漢對照表

順次	滿洲語	漢　字	羅馬拼音	詞　義
1		克　琳 蘇　嚕克	kerin suruk	蒙古語， 野外馬群
2		哈　屯	hatun	蒙古語， 王妃
3		楚　勒罕	culgan	蒙古語， 閱兵
4		布　　琿 察　　爾	buhūncar	蒙古語， 以鐲定親
5		扎薩克	jasak	蒙古語， 政治
6		濟　遜	jisun	蒙古語， 顏色
7		巴　圖爾	batur	蒙古語， 勇

順次	滿洲語	漢 字	羅馬拼音	詞 義
8		鄂拓克	otok	蒙古語，部屬
9		巴 圖	batu	蒙古語，結實
10		明 安	minggan	蒙古語，千數
11		塔 納	tana	蒙古語，東珠
12		達爾罕	dargan	蒙古語，免差役
13		岱 音	dain	蒙古語，敵
14		扎 昆	jakūn	滿洲語，八數
15		達爾嘉依	darjiyai	唐古特語，開廣
16		辰 賚	cenlai	唐古特語，佛事
17		奇徹勒	kicel	蒙古語，勤
18		瑪哈噶拉	mahag'ala	梵語，大黑神

順次	滿洲語	漢　字	羅馬拼音	詞　義
19		桑嘉依 辰　賚	sangjiyai cenlai	唐古特語， 佛事
20		科爾羅 普爾布	k'orlo purbu	唐古特語， 法輪杵
21		楚 多爾瑪	cu dorma	唐古特語， 水巴令
22		薩 戩 布勒 納木扎勒	sa jiyan bul namjal	唐古特語， 地莊嚴 遞供 尊勝
23		雅滿 達噶	yamandag'a	梵語， 怖畏金剛
24		瓮鄂羅	onggolo	滿洲語， 河灣

順次	滿洲語	漢　字	羅馬拼音	詞　義
25		托卜齊延	tobciyan	蒙古語，總綱
26		錫喇諾特	siranot	蒙古語，豺
27		塔哩雅	tariya	蒙古語，田
28		薩哈連 察察哩	sahaliyan cacari	滿洲語，黑凉棚
29		密實勒	misil	蒙古語，回地草名
30		延徹爾	yancer	梵語，煉氣
31		都克噶爾	dukg'ar	唐古特語，白繖蓋經
32		喇嘛	lama	蒙古語，番僧
33		噶布喇盌	g'aburawan	梵語，盛水執舞之螺獅

順次	滿洲語	漢　字	羅馬拼音	詞　義
34		察　克 鄂　多 哈　喇齊	cak odo haraci	蒙古語， 時星 瞭望人
35		察　克 鄂　多 薩巴台	cak odo sabatai	蒙古語， 時星 有器皿
36		濟　嚕海 克木濟頁 穆爾齊	jiruhai kemjiye murci	蒙古語， 算法時候 尋踪人

順次	滿洲語	漢　字	羅馬拼音	詞　義
37		濟嚕海 克木濟頁 穆徹台	jiruhai kemjiye mucetai	蒙古語， 算法時候 有刻
38		庫哩頁 埒森巴 薩	kuriyelesen saba	蒙古語， 範圍 器皿
39		庫哩頁 埒森 噶扎爾	kuriyelesen gajar	蒙古語， 範圍 地

順次	滿洲語	漢　字	羅馬拼音	詞　義
40		蘇　尼 額　都　爾 博　　多	suni edur bodo	蒙古語， 夜 晝 算
41		哈　喇 哈　納	hara hana	蒙古語， 黑氊廬墻
42		伊　蘭	ilan	回語， 蛇
43		和必斯	hobis	蒙古語， 古樂器名
44		濟　爾 噶　雅	jirgaya	蒙古語， 安逸
45		塔　爾 巴　噶	tarbaga	蒙古語， 獺
46		呼　齋　爾	hūjair	蒙古語， 口外鳥名
47		色伯特	sebet	蒙古語， 生子禮物

順次	滿洲語	漢　字	羅馬拼音	詞　義
48		訥克實	nekesi	蒙古語，絨錦
49		克默爾里克	kemerlik	蒙古語，錦
50		布哩蘇頁	buriyesu	蒙古語，皮襖面
51		達呼	dahū	蒙古語，皮端罩
52		塔納圖 訥克實	tanatu nekesi	蒙古語，有東珠絨錦
53		蘇布特圖 訥克實	subut tu nekesi	蒙古語，有珍珠絨錦
54		雅庫特	yakut	回語，藍寶石
55		蘇普	supu	蒙古語，回地毛布名

順次	滿洲語	漢　字	羅馬拼音	詞　義
56		喀　提	k'ati	唐古特語，金字錦
57		圖魯格	tuluge	蒙古語
58		伊　斯題　費	istifi	蒙古語，回字名
59		巴　勒噶　遜	balgasun	蒙古語，城
60		薩哩圖	saritu	蒙古語，有馬股皮
61		必里克	bilik	蒙古語，志
62		齊達勒	cidal	蒙古語，能
63		薩達克齊	sadakci	蒙古語，司撒袋人
64		綽　羅	colo	滿洲語，號
65		博　囉	boro	蒙古語，青色
66		愛喇克	airak	蒙古語，酸奶

順次	滿洲語	漢　字	羅馬拼音	詞　義
67	(滿文)	鼐　濟	naiji	蒙古語， 女友
68	(滿文)	黙　爾　根 錫　爾　本 伊　嚕　勒 昆	mergen sirben irul kun	蒙古語， 賢 有緣人
69	(滿文)	叟　克	seoke	蒙古語， 轎
70	(滿文)	賽　富　鼎	saifuding	
71	(滿文)	哈　沙	haša	滿洲語， 倉房
72	(滿文)	鳳　格	fungge	
73	(滿文)	僧　格 嘉　勒	sengge jiyal	唐古特語， 獅子勝

順次	滿洲語	漢　字	羅馬拼音	詞　義
74		都爾本 庫魯克	durben kuluk	蒙古語， 四數 超衆
75		吹戩	coi jiyan	唐古特語， 法眼
76		斡齊爾	wacir	蒙古語， 金剛
77		巴克實	baksi	蒙古語， 師
78		必實古	bisigu	蒙古語， 爽利
79		必達古	bidagū	蒙古語， 遲鈍
80		庫卜沁	kubcin	蒙古語， 普遍
81		諤斯庫	ūsku	蒙古語， 長
82		鄂蘭	olan	蒙古語， 衆多
83		都蘭	dulan	蒙古語， 暖

順次	滿洲語	漢　字	羅馬拼音	詞　義
84		烏木丹	umdan	蒙古語，飲
85		舒　蘇	šusu	蒙古語，廩給
86		哈達克	hadak	蒙古語，奉佛吉祥製帛
87		薩　滿 阿喇克	saman arak	回語，麥黍酒
88		諾　延	noyan	蒙古語，官長
89		賽　音	sain	蒙古語，好
90		伊嚕勒 諾　延	irul noyan	蒙古語，福分官長
91		哲勒默	jelme	蒙古語，人明白
92		色　辰	secen	蒙古語，聰明

順次	滿洲語	漢　字	羅馬拼音	詞　義
93		伊都呼	iduhū	蒙古語，緊束
94		托克托 黙色	tokto mese	蒙古語，定器械
95		托多	todo	蒙古語，明白
96		呼爾敦	hūrdun	蒙古語，急快
97		和斯 德勒	hos del	蒙古語，雙袍
98		鄂爾 綽勒	orcol	蒙古語，繙譯
99		黙爾根	mergen	蒙古語，技勇精熟
100		賽音 廸延齊	sain diyanci	蒙古語，好參禪人

順次	滿洲語	漢　字	羅馬拼音	詞　義
101		穆齊爾	mūcir	蒙古語，引火柴
102		都勒斡	dulwa	唐古特語，戒律
103		察喇	cara	蒙古語，注酒器
104		吹嘉勒	coijiyal	唐古特語，閻羅王
105		烏爾圖薩哈勒	urtu sahal	蒙古語，長鬚
106		伊克托里	ike toli	蒙古語，大鏡
107		蘇勒坦	sultan	回語，王
108		哈喇	hara	蒙古語，黑色

順次	滿洲語	漢　字	羅馬拼音	詞　義
109		賽音 巴圖爾	sain batur	蒙古語， 好勇
110		鄂　勒	ool	蒙古語， 本居處
111		實魯蘇	silusu	蒙古語， 猞猁猻
112		莽　嘉	mangjiya	唐古特語， 施衆之茶
113		沙　津 阿古齊	šajin agūci	蒙古語， 教寬闊
114		辰　賚 索勒斡	cenlai solwa	唐古特語， 事慶讚
115		滿　拉	manla	唐古特語， 藥師佛

順次	滿洲語	漢　字	羅馬拼音	詞　義
116		綽克絅	cok giong	唐古特語，方護
117		多爾沁	dor cin	唐古特語，大巴令
118		多爾濟 埒克 多爾	dorji lek dor	唐古特語，金剛 好巴令
119		齊爾多克巴	cirdokba	唐古特語，除祟
120		隆科爾	lungk'or	唐古特語，風輪
121		贊多爾	dzan dor	唐古特語，贊巴麵巴令

順次	滿洲語	漢　字	羅馬拼音	詞　義
122		楚 多　爾	cu dor	唐古特語， 水巴令
123		當　喇克 多　爾	dangrak dor	唐古特語， 孝敬巴令
124		登 多　爾	den dor	唐古特語， 常依靠 巴令
125		嚕　磋	rudzo	梵語， 獅子吼威
126		吹　斯綑 多　爾瑪	coisgiong dorma	唐古特語， 護法巴令
127		吹　古 朗　綑	coigu ranggiong	唐古特語， 法身自成

順次	滿洲語	漢　字	羅馬拼音	詞　義
128		尼古察	nigūca	蒙古語， 秘密
129		扎木揚	jamyang	唐古特語， 文殊菩薩
130		袞布 多爾	gumbo dor	唐古特語， 大黑神巴令
131		赫 巴匝爾	he badzar	梵語， 喜金剛
132		瓚匝雅	bindzaya	梵語， 尊勝
133		班匝 喇克察	bandza rakca	梵語， 五護
134		阿斯達薩 達實哩	asdasadasiri	梵語， 八十頌

順次	滿洲語	漢　字	羅馬拼音	詞　義
135		薩 斯 納 總	sasna dzung	唐古特語，護地神咒
136		科爾羅普爾布總	k'orlo purbu dzung	唐古特語，法輪杵咒
137		策巴克特默總	ts'ebakmet dzung	唐古特語，無量壽佛咒
138		多克巴	dokba	唐古特語，除祟經
139		納木卓木總	namjom dzung	唐古特語，懷相金剛咒
140		卜嚕卜巴	brub ba	唐古特語，成道人

順次	滿洲語	漢 字	羅馬拼音	詞 義
141		攃 攃	ts'ats'a	唐古特語，泥印佛
142		多爾康	dor k'ang	唐古特語，巴令房屋
143		伊納克	inak	蒙古語，親和
144		色濟克烏格依	sejik ugei	蒙古語，無疑

資料來源：《欽定四庫全書》，「史部」，《欽定元史語解》，
　　卷二十四。

　　表中名物，共計一四四個，俱依卷編次。克琳嚕克，
蒙古語讀如 "kerin suruk"，意即「野外馬群」，卷一
作「乞列思」。哈屯，蒙古語讀如 "hatun"，意即「王
妃」，卷一作「哈敦」。楚勒罕，蒙古語讀如 "culgan"，
意即「閱兵」，卷一作「局兒罕」。布琿察爾，蒙古語
讀如 "buhūncar"，意即「以鐲定親」，卷一作「布渾察
兒」。扎薩克，蒙古語讀如 "jasak"，意即「政治」，
卷二作「扎撒」。濟遜，蒙古語讀如 "jisun"，意即「顏
色」，卷二作「質孫」，卷九作「只孫」，卷一二四作
「直孫」。巴圖爾，蒙古語讀如 "batur"，意即「勇」，

卷二作「拔都魯」，卷九十九作「拔都兒」，又作「霸都魯」。鄂拓克，蒙古語讀如 "otok"，意即「部屬」，卷三作「斡脫」。巴圖，蒙古語讀如 "batu"，意即「結實」，卷十作「拔突」，卷八十六作「拔都。明安，蒙古語讀如 "minggan"，意即「千數」，卷十六作「忙安」。塔納，蒙古語讀如 "tana"，意即「東珠」，卷十六作「答納」。達爾罕，蒙古語讀如 "dargan"，意即「凡有勤勞免其差役」，卷二十二作「答剌罕」。岱音，蒙古語讀如 "dain"，意即「敵」，卷二十五作「典尤」。扎昆，滿洲語讀如 "jakūn"，意即「八數」，卷二十七原文作「扎昆」。達爾嘉依，唐古特語讀如 "darjiyai"，意即「開廣」，卷二十七作「打里牙」。辰賚，唐古特語讀如 "cenlai"，意即「事」，卷二十七作「鎮雷」。奇徹勒，蒙古語讀如 "kicel"，意即「勤」，卷二十七作「欽察魯」。瑪哈噶拉，梵語讀如 "mahag'ala"，意即「大黑神」，卷二十九作「黑哈吃剌」，卷二〇二作「摩訶葛剌」。

桑嘉依辰賚，唐古特語讀如 "sangjiyai cenlai"，意即「佛事」，卷二十九作「星吉思吃剌」。科爾羅普爾布，唐古特語讀如 "k'orlo purbu"，意即「法輪杵」，卷二十九作「闊兒魯弗卜」。楚多爾瑪，唐古特語讀如 "cu dorma"，意即「水巴令」，卷二十九作「水巴令」，卷二十九作「水朵兒麻」。薩戩布勒納木扎勒，唐古特語讀如 "sa jiyan bul namjan"，意即「地莊嚴遞供尊勝」，卷二十九作「颯間卜里喃家」。雅滿達噶，梵語讀如 "yamandag'a"，意即「怖畏金剛」，卷二十九作「牙蠻答哥」。瓮鄂羅，滿洲語讀如

"onggolo"，意即「河灣」，卷三十作「汪古刺」。托卜齊延，蒙古語讀如"tobciyan"，意即「總綱」，卷三十五作「脫卜赤顏」，卷一三七作「脫必赤顏」。錫喇諾特，蒙古語讀如"siranot"，意即「豺」，卷三十五作「失剌奴」。塔哩雅，蒙古語讀如"tariya"，意即「田」，卷三十七作「塔里牙」。薩哈連察察哩，滿洲語讀如"sahaliyan cacari"，意即「黑涼棚」，卷四十三原文作「撒哈剌察赤兒」。密實勒，蒙古語讀如"mišil"，意即「回地草名」，卷四十三作「米西兒」。延徹爾，梵語讀如"yancer"，意即「煉氣」，卷四十三作「演撲兒」。都克噶爾，唐古特語讀如"dukg'ar"，意即「白繖蓋經」，卷四十三作「朵思哥兒」。喇嘛，蒙古語讀如"lama"，意即「番僧」，卷四十三作「剌麻」。噶布喇盌，梵語讀如"g'aburawan"，意即「盛水執舞之螺獅」，卷四十三作「加巴剌般」。察克鄂多薩巴台，蒙古語讀如"cak odo sabatai"，意即「時星有器皿」，卷四十八作「咱禿朔八台」。濟嚕海克木濟頁穆爾齊，蒙古語讀如"jiruhai kemjiye murci"，意即「算法時候尋踪人」，卷四十八作「魯哈麻亦渺凹只」。

濟嚕海克木濟頁穆徹台，蒙古語讀如"jiruhai kemjiye mucetai"，意即「算法時候有刻」，卷四十八作「魯哈麻亦木思塔餘」。庫吐頁埒森薩巴，蒙古語讀如"kuriyelesen saba"，意即「範圍器皿」，卷四十八作「苦來亦撒麻」。庫哩頁埒森噶扎爾，蒙古語讀如"kuriyelesen gajar"，意即「範圍地」，卷四十八作「苦來亦阿兒子」。蘇尼額都爾博多，蒙古語讀如"suni edur bodo"，意即「夜晝算」，卷四十八作「兀速都兒剌不定」。哈喇哈納，蒙

古語讀如"hara hana"，意即「黑氈廬牆」，卷六十三作「撼合納」。伊蘭，回語讀如"ilan"，意即「蛇」，卷六十三作「益蘭」。和必斯，蒙古語讀如"hobis"，意即「古樂器名」，卷七十一作「火不思」。濟爾噶雅，蒙古語讀如"jirgaya"，意即「安逸」，卷七十一作「吉利牙」。塔爾巴噶，蒙古語讀如"tarbaga"，意即「獺」，卷七十四作「塔剌不花」，卷一二七作「塔剌不歡」。呼齋爾，蒙古語讀如"hūjair"，意即「口外鳥名」，卷七十四作「胡寨兒」。色伯特，蒙古語讀如"sebet"，意即「生子慶禮之物」，卷七十七作「撒答海」。訥克實，蒙古語讀如"nekesi"，意即「絨錦」，卷七十七作「納失失」，卷七十八作「納石失」。克默爾里克，蒙古語讀如"kemerllik"，意即「錦」，卷七十八作「怯綿里」。布哩頁蘇，蒙古語讀如"buriyesu"，意即「皮襖面」，卷七十八作「寶里」。達呼，蒙古語讀如"dahū"，意即「皮端罩」，卷七十八作「答忽」。塔納圖訥克實，蒙古語讀如"tanatu nekesi"，意即「有東珠絨錦」，卷七十八作「答納都納石失」。

　　蘇布特圖訥克實，蒙古語讀如"subut tu nekesi"，意即「有珍珠絨錦」，卷七十八作「速不都納石失」。雅庫特，回語讀如"yakut"，意即「藍寶石」，卷七十八作「牙忽」。蘇普，蒙古語讀如"supu"，意即「回地毛布名」，卷七十八作「速夫」。喀提，唐古特語讀如"k'ati"，意即「金字錦」，卷七十八作「可貼」。圖魯格，蒙古語讀如"tuluge"，意即「代替」，卷八十作「觀魯花」。伊斯題費，蒙古語讀如"istifi"，意即「回字名」，卷八十一作

「亦思替非」。巴勒噶遜，蒙古語讀如"balgasun"，意即「城」，卷八十二作「八剌哈孫」。薩哩圖，蒙古語讀如"saritu"，意即「有馬股皮」，卷八十五作「沙里陀」。必里克，蒙古語讀如"bilik"，意即「志」，卷八十五作「別里哥」。齊達勒，蒙古語讀如"cidal"，意即「能」，卷八十五作「茶迭兒」。薩達克齊，蒙古語讀如"sadakci"，意即「司撒袋人」，卷八十五作「撒答剌欺」。綽羅，滿洲語讀如"colo"，意即「號」，卷八十五原文作「察魯」。博囉，蒙古語讀如"boro"，意即「青色」，卷八十五作「八魯」。愛喇克，蒙古語讀如"airak"，意即「酸奶」，卷八十七作「愛蘭」。鼐濟，蒙古語讀如"naiji"，意即「女友」，卷八十九作「捏只」。默爾銀錫爾本伊嚕勒昆，蒙古語讀如"mergen sirben irul kun"，意即「賢者賢之有緣人」，卷八十九作「瑪兒哈昔列班也里可溫」。

瞍克，蒙古語讀如"seoke"，意即「轎」，卷九十作「忽哥」。賽富鼎，讀如"saifuding"，卷九十作「賽甫丁」，無解義。哈沙，滿洲語讀如"haša"，意即「倉房」，卷九十作「禾失」。風格，讀如"fungge"，卷九十四作「鳳哥」，無解義。僧格嘉勒，唐古特語讀如"sengge jiyal"，意即「獅子勝」，卷九十八作「桑哥吉剌」。都爾本庫魯克，蒙古語讀如"durben kuluk"，意即「四數超眾」，卷九十九作「掇里班曲律」。吹戩，唐古特語讀如"coi jiyan"，意即「法眼」，卷九十九作「搠思吉」。斡齊爾，蒙古語讀如"wacir"，意即「金剛」，卷九十九作「斜節兒」。巴克實，蒙古語讀如"baksi"，意即「師」，卷九十九作「八哈失」。必實古，蒙古語讀如"bisigū"，

意即「爽利」，卷一〇〇作「兵古」。必達古，蒙古語讀如 "bidagū"，意即「遲鈍」，卷一〇〇作「貶古」。庫卜沁，蒙古語讀如 "kubcin"，意即「普遍」，卷一〇〇作「闊卜川」。諤斯庫，蒙古語讀如 "ūsku"，意即「長」，卷一〇〇作「月思古」。鄂蘭，蒙古語讀如 "olan"，意即「眾多」，卷一〇〇作「幹欒」。都蘭，蒙古語讀如 "dulan"，意即「暖」，卷一〇〇作「脫羅」。烏木丹，蒙古語讀如 "umdan"，意即「飲」，卷一〇〇作「醞都」。舒蘇，蒙古語讀如 "šusu"，意即「廩給」，卷一〇一作「首思」。哈達克，蒙古語讀如 "hadak"，意即「奉佛吉祥製帛」，卷一〇二作「哈的」。薩滿阿喇克，回語讀如 "saman arak"，意即「麥黍酒」，卷一〇四作「唆魯麻」。諾延，蒙古語讀如 "noyan"，意即「官長」，卷一〇六作「那顏」。

　　賽音，蒙古語讀如 "sain"，意即「好」，卷一一五作「賽因」。伊嚕勒諾延，蒙古語讀如 "irul noyan"，意即「福分官長」，卷一一九作「月呂魯那演」。哲勒默，蒙古語讀如 "jelme"，意即「人明白」，卷一二一作「折里麻」。色辰，蒙古語讀如 "secen"，意即「聰明」，卷一二一作「薛禪」。伊都呼，蒙古語讀如 "iduhū"，意即「緊束」，卷一二二作「亦都護」。托克托默色，蒙古語讀如 "tokto mese"，意即「定器械」，卷一二三作「禿禿馬失」。托多，蒙古語讀如 "todo"，意即「明白」，卷一二四作「託陀」。呼爾敦，蒙古語讀如 "hūrdun"，意即「急快」，卷一二四作「傑忽底」，和斯德勒，蒙古語讀如 "hos del"，意即「雙袍」，卷一二四作「赫思迭林」。

鄂爾綽勒，蒙古語讀如 "orcol" ，意即「繙譯」，卷一二四作「玉出于」。默爾根，蒙古語讀如 "mergen" ，意即「技勇精熟」，卷一二四作「默爾傑」。賽音迪延齊，蒙古語讀如 "sain diyanci" ，意即「好參禪人」，卷一二五作「賽典赤」。穆齊爾，蒙古語讀如 "mūcir" ，意即「引火柴」，卷一二七作「蔑怯葉兒」。都勒斡，唐古特語讀如 "dulwa" ，意即「戒律」，卷一三〇作「禿魯麻」。察喇，蒙古語讀如 "cara" ，意即「注酒器」，卷一三二作「察剌」。吹嘉勒，唐古特語讀如 "coijiyal" ，意即「閻羅王」，卷一三六作「阿即剌」。烏爾圖薩哈勒，蒙古語讀如 "urtu sahal" ，意即「長鬚」，卷一四六作「吾圖撒合里」。伊克托里，蒙古語讀如 "ike toli" ，意即「大鏡」，卷一四九作「也可禿立」。蘇勒坦，回語讀如 "sultan" ，意即「土」，卷一四九作「算灘」。哈喇，蒙古語讀如 "hara" ，意即「黑色」，卷一四九作「哈剌」。

賽音巴圖爾，蒙古語讀如 "sain batur" ，意即「好勇」，卷一五〇作「賽因八都兒」。鄂勒，蒙古語讀如 "ool" ，意即「本居處」，卷一五二作「奧魯」。實魯蘇，蒙古語讀如 "silusu" ，意即「猞猁猻」，卷一六六作「宿烈孫」。莽嘉，唐古特語讀如 "mangjiya" ，意即「衆茶」，謂「施衆之茶」，卷一七五作「莽齋」。沙津阿古齊，蒙古語讀如 "šajin agūci" ，意即「教寬闊」，卷二〇二作「鎮雷阿藍納田」。滿拉，唐古特語讀如 "manla" ，意即「藥師佛」，卷二〇二作「亦思滿藍」。綽克絅，唐古特語讀如 "cok giong" ，意即「方護」，卷二〇二作「搊思串卜」。多爾沁，唐古特語讀如 "dor cin" ，

意即「大巴令」，卷二〇二作「朵兒禪」。多爾濟埒克多爾，唐古特語讀如"dorji lek dor"，意即「金剛好巴令」，卷二〇二作「朵兒只列朵四」。齊爾多克巴，唐古特語讀如"cirdokba"，意即「除祟」，卷二〇二作「察兒哥朵四」。隆科爾，唐古特語讀如"lungk'or"，意即「風輪」，卷二〇二作「籠哥兒」。贊多爾，唐古特語讀如"dzan dor"，意即「贊巴麵巴令」，卷二〇二作「喒朵四」。楚多爾，唐古特語讀如"cu dor"，意即「水巴令」，卷二〇二作「出朵兒」。當喇克多爾，唐古特語讀如"dangrak dor"，意即「教敬巴令」，卷二〇二作「黨剌朵四」。登多爾，唐古特語讀如"den dor"，意即「常依靠巴令」，卷二〇二作「典朵兒」。嚕磋，梵語讀如"rudzo"，意即「獅子吼威」，卷二〇二作「魯朝」。吹斯絅多爾瑪，唐古特語讀如"coisgiong dorma"，意即「護法巴令」，卷二〇二作「搠思江朵兒麻」。

吹古朗絅，唐古特語讀如"coigu ranggiong"，意即「法身自成」，卷二〇二作「赤思古林搠」。尼古察，蒙古語讀如"nigūca"，意即「秘密」，卷二〇二作「吃剌察」。扎木揚，唐古特語讀如"jamyang"，意即「文殊菩薩」，卷二〇二作「斟惹」。袞布多爾，唐古特語讀如"gumbu dor"，意即「大黑神巴令」，卷二〇二作「吉林朵四」。赫巴匝爾，梵語讀如"he badzar"，意即「喜金剛」，卷二〇二作「歇白咱剌」。璸匝雅，梵語讀如"bindzaya"，意即「尊勝」，卷二〇二作「必思禪」。班匝喇克察，梵語讀如"bandza rakca"，意即「五護」，卷二〇二作「拔扎沙剌」。阿斯達薩達賓哩，梵語讀如

"asdasadasiri"，意即「八十頌」，卷二〇二作「阿昔答撒答昔里」。薩斯納總，唐古特語讀如 "sasna dzung"，意即「護地神咒」，卷二〇二作「撒思納屯」。科爾羅普爾布總，唐古特語讀如 "k'orlo purbu dzung"，意即「法輪杵咒」，卷二〇二作「闊兒魯弗卜屯」。策巴克默特總，唐古特語讀如 "ts'ebakmet dzung"，意即「無量壽佛咒」，卷二〇二作「八迷屯」。多克巴，唐古特語讀如 "dokba"，意即「除祟經」，卷二〇二作「亦思羅巴」。納木卓木總，唐古特語讀如 "namjom dzung"，意即「懷相金剛咒」，卷二〇二作「南占屯」。卜嚕卜巴，唐古特語讀如 "brub ba"，意即「成道人」，卷二〇二作「卜嚕八」。擦擦，唐古特語讀如 "ts'ats'a"，意即「泥印佛」、「泥印塔」，卷二〇二作「擦擦」。多爾康，唐古特語讀如 "dor k'ang"，意即「巴令房屋」，卷二〇二作「塔兒剛」。伊納克，蒙古語讀如 "inak"，意即「親和」，卷二〇五作「倚納」。色濟克烏格依，蒙古語讀如 "sejik ugei"，意即「無疑」，卷二〇五作「皆即兀該」。

　　《元史》中名物詞彙頗繁，包括：抽象詞彙；具體詞彙。前者是指可以想像而不能觸摸見聞的事物詞彙；後者是指大體具備而有形像實在的詞彙。唐古特語「辰賚」讀如 "cenlai"，意即「佛事」，就是「名」；唐古特語「隆科爾」讀如 "lungk'or"，意即「風輪」，就是「物」。在名物表中含有頗多藏傳佛教的神祇經典咒語詞彙，策巴克默特，唐古特語讀如 "ts'ebakmet"，意即「無量壽佛」。滿拉，唐古特語讀如 "manla"，意即「藥師佛」。扎木揚，唐古特語讀如 "jamyang"，意即「文殊菩薩」。

衮布，唐古特語讀如"gumbu"，意即「大黑神」。瑪哈噶拉，梵語讀如"mahag'ala"，意即「大黑神」。桑嘉依，唐古特語讀如"sangjiyai"，意即「佛」。斡齊爾，蒙古語讀如"wacir"，意即「金剛」。多爾濟，唐古特語讀如"dorji"，意即「金剛」。赫巴匝爾，梵語讀如"he badzar"，意即「喜金剛」。納木卓木，唐古特語讀如"namjom"，意即「懷相金剛」。雅滿達噶，梵語讀如"yamandag'a"，意即「怖畏金剛」。齊爾多克巴，唐古特語讀如"cirdokba"，意即「除祟」。多克巴，唐古特語讀如"dokba"，意即「除祟經」。都克噶爾，唐古特語讀如"dukg'ar"，意即「白繖蓋經」。總，唐古特語讀如"dzung"，意即「咒」。薩斯納總（sasna dzung），意即「護地神咒」。科爾羅普爾布總（k'orlo purbu dzung），意即「法輪杵咒」。策巴克默特總（ts'ebakmet dzung），意即「無量壽佛咒」。納木卓木總（namjom dzung），意即「懷相金剛咒」。

　　名物表中的「多爾」，唐古特語讀如"dor"，意即「巴令」。多爾沁（dor cin），意即「大巴令」。句中「巴令」，是"baling"的漢字音譯，源自蒙古語，意即「宗教供物」。雍正元年（1723）三月十八日，《內務府活計檔‧琺瑯作》記載：「怡親王交巴令七件，王諭酌量做，遵此。」同年十二月二十九日，琺瑯作做得銅胎燒琺瑯嵌玻璃火燄珊瑚青金蜜蠟座巴令七件，由怡親王呈覽，奉旨交中正殿。同日，唐英、默爾森額送至中正殿，交旃壇寺掌印大喇嘛吐闕呼圖克圖鋪排達默安壽。雍正四年（1726）十二月二十六日，唐英奉怡親王諭做得鑲嵌巴令一分，琺瑯巴令

一分，由員外郎海望呈進，奉旨擺在佛堂內。同日，交太監
焦進朝供在佛堂內。同日，《內務府活計檔・鑲嵌作》記
載：「再佛前供器燒造得法瑯的做幾件，欽此。」於次日郎
中海望持出鑲嵌巴令一分，奉旨著將鑲嵌巴令安在圓明園
佛堂，再照此樣做一分賜怡親王。於本月二十七日將鑲嵌
巴令一分由催總馬爾漢送去圓明園安在佛堂內。雍正五年
（1727）九月二十八日，內務府做得鑲嵌巴令一分，由催總
吳花子持去交王府首令太監李天福。由《內務府活計檔》內
容可知「巴令」就是安在佛堂內的供器。同年七月三十日，
《內務府活計檔・琺瑯作》記載太監劉希文交出磁碟一件，
並傳旨「照此碟尺寸配合做小巴令一分，若燒得新樣法瑯亦
好，其巴令上鑲嵌俱要精細。」同年九月十六日，畫得高五
寸六分，寬三寸四分巴令樣一張。高四寸，寬二寸六分巴令
樣一張。同年十二月二十六日，做得鑲嵌小巴令一分，由郎
中海望呈覽，奉旨將小巴令一分供在養心殿佛堂內。雍正十
年（1732）十二月二十八日，琺瑯作遵旨做得鑲嵌大巴令一
分，琺瑯小巴令一分，各七盤。雍正十一年（1733）五月初
一日，做得琺瑯大巴令一分，鑲嵌小巴令一分。同年十月二
十八日，木作記載，辦理軍需事務公豐勝額等奉旨將巴令十
四件賞給達賴喇嘛。由《內務府活計檔》記載，可知巴令有
琺瑯巴令、鑲嵌巴令、大巴令、小巴令，或安在圓明園佛堂
內，或供在養心殿佛堂內，或賞給喇嘛，或賞給呼圖克圖，
也賞給怡親王，都要遵旨而行。

　　《欽定元史語解・名物》的巴令，包含多爾濟埒克多
爾（dorji lek dor），意即「金剛好巴令」、贊多爾（dzan
dor），意即「贊巴麵巴令」、楚多爾（cu dor），意即

「水巴令」、當喇克多爾（dangrak dor），意即「孝敬巴令」、登多爾（den dor），意即「常依靠巴令」、吹斯絅多爾瑪（coisgiong dorma），意即「護法巴令」、袞布多爾（gumbu dor），意即「大黑神巴令」等，對探討內務府造辦處製作巴令的過程，提供珍貴的資料。

　　元朝輿地，西極流沙，東盡遼左，北踰陰山，南越海表，所謂羈縻勿絕者，盡入版宇，西北所屆，遠過漢唐。《元史》主要是依據元十三朝實錄等書編纂而成，雖然體例粗疏，列傳頗多重出，各卷漢字譯名前後不統一，年代史實頗多錯誤，但保存了不少原始資料。清高宗以《元史》人名、地名音譯訛舛，鄙陋失實者多，因命儒臣按《同文韻統》例，概行更錄，以示正其字，而弗易其文。《欽定元史國語解》凡二十四卷，首帝名，附以后妃、皇子、公主。次宮衛，附以軍名。次部族，附以國名。次地理，次職官，次人名皇族，次人名，次名物，共七門。元以蒙古語正《元史》，所謂「國語」，即指滿洲語。元以蒙古語為本，《欽元史語解》內但釋解義，概不複注蒙古語。其中姓氏、地名、官名、人民，無解義者，俱以《蒙古源流考》、《八旗姓氏通譜》改易字面。其滿洲語、唐古特語、梵語、回語、索倫語等，則逐一複注，對研究《元史》提供頗多珍貴資料。

瑪哈噶拉 梵語大黑神也卷二十九作馬哈
吃剌卷二百二作摩訶葛剌併改

阿瑪 阿哈 阿噦 阿剛

桑嘉依辰資 唐古特語桑嘉依佛也辰資事
也卷二十九作星吉思吃剌

科爾羅普爾布 唐古特語科爾羅法輪也普爾布
杵也卷二十九作闊兒魯弗卜

楚多爾瑪 唐古特語楚水也多爾瑪巴
令也卷二十九作水朶兒麻